La belleza es verdad y la verdad belleza.
Es todo lo que necesitas saber en la tierra.

John Keats

Senté
a la belleza
para injuriarla,
pero ebria y sorda se ha dormido
en mis rodillas.

Tomás Salvador González

© José M.ª García López, 2026

Dirección editorial:	Héctor Escobar
Director de la colección:	Gustavo Martín Garzo
Fotografía de cubierta:	José Ramón Vega
Ilustración de colofón:	José M.ª García López
Diseño de la colección:	Miguel Riera
Maquetación:	Alberto R. Torices

ISBN: 979-13-87753-80-1
Dep. Legal: Le. 64-2026
Impreso en España — Printed in Spain

José M.ª García López
La belleza del **haiku**

De la belleza (36)

José M.ª García López

La belleza del **haiku**

EOLAS EDICIONES

ÍNDICE

Mi interés por la idiosincrasia y la cultura japonesas se inició en los años 60 del pasado siglo, cuando en España empezaron a funcionar los llamados cines de arte y ensayo. No fue a partir de la literatura, sino de mi asistencia a la proyección de la película *Barbarroja*, de Akira Kurosawa, en el cine Infantas de Madrid, aunque poco después vendrían las lecturas de autores como Kawabata o Mishima. Los que ya teníamos confusamente clara nuestra vocación poética o narrativa, y más o menos nuestra actitud cultural y política, sabíamos de la existencia del haiku japonés, aunque de un modo no directo, sino por atribuidas repercusiones en poetas como Juan Ramón Jiménez u Octavio Paz.

A lo largo de los años continué de modo esporádico leyendo a esos autores japoneses y a muy pocos otros, con ciertas recreaciones orientalistas debidas por ejemplo a Borges o a Marguerite Yourcenar. Más que de su literatura, seguí siendo frecuentador del cine que nos llegaba del sol naciente y de lo magnífico que íbamos recibiendo de cineastas como Yasujiro Ozu o Kenzo Mizoguchi. Luego también de Kon Ichikawa, Masaki Kobayashi, Shoei Imamura y Nagisa Oshima, entre alguno más. Ahí no había haikus, de momento, pero sí una atmósfera que bastante tiempo después, al menos para mí, iba a ser concordante y propiciadora de conocimiento (en la medida de lo posible) y admiración.

A partir de aquella época que pudiéramos llamar de formación estética o de curiosidad general, nada en mi vida literaria, o vida sin más, tuvo que ver muy particularmente con Japón. Nada en especial con su cine o su literatura, fuera de una normal atención a la actualidad y a los acontecimientos culturales oportunos, más o menos impuestos por la difusión propagandística o por el mercado. Así fueron llegándome, aunque sin adquirir mucha relevancia, géneros tan japoneses, pero no sólo, como el manga y el anime, junto a nombres, que sí me afectaron, de pintores famosos internacionalmente (Katsushika Hokusai), arquitectos (Minoru Yamasaki), fotógrafos (Nobuyoshi Araki) o músicos (Ryuichi Sakamoto), ya más bien tópicos, pero coadyuvantes involuntarios para que en mí se creara una fascinación un tanto gratuita por un hipotético espíritu nipón.

Todo ello producía un contraste con algunos aspectos del pasado imperial japonés y, peor aún, con su historia reciente, que de paso ponía en evidencia tendencias psicológicas y nacionalistas de una gran parte de los naturales del país. Eso no dejaba de crearme un desasosiego interior, que todavía no consideraba, en un ámbito distinto pero muy característico, los cimientos religiosos o semirreligiosos de las tierras insulares de los samuráis. En ese período de mi información periférica, sabía muy poco del confucianismo, del budismo zen o del sintoísmo (y mi ignorancia al respecto sigue siendo grande), como sustratos de tantas manifestaciones artísticas y existenciales japonesas y, muy singularmente, del haiku, que es lo que aquí nos va a interesar.

Mucho después de esa época de simpatías japonesas intermitentes, hace ya algo más de una década (no lejana entonces mi lectura de la *Historia de Genji*, el asombroso relato medieval de Murasaki Shikibu), me vi envuelto, sin que hubiera sido previsible, en una circunstancia sentimental y familiar que me relanzó al mundo japonés, a sus peculiaridades culturales y sociales, a su literatura, a su lengua y al propio país. Lo he visitado en dos ocasiones y estoy pendiente de realizar algún viaje más. Es seguro que esa circunstancia aludida (la que también me llevó a publicar en 2018 la colección de relatos *Las grullas de Hokkaido*) seguirá influyendo en mi vida; y es la que me animó a ponerme a estudiar japonés, sin grandes resultados prácticos, pero sin interrupción ni urgencia. Igualmente me obligó, y en ello estoy en la actualidad, a revisar mis lecturas antiguas y a ampliarlas con otras tan referenciales, en varios casos poéticas.

De ese modo se han ido incorporando a mis intereses intelectuales, estéticos y afectivos narradores japoneses como Kenzaburo Oé, Akiyuki Nosaka, Kenji Miyazawa o Masuji Ibuse, poetas como Chuya Nakahara o Akiko Yosano y teóricos occidentales sobre el mundo en que surgió y fue evolucionando el haiku, como Lafcadio Hearn, Donald Keene y, sobre todo, Fernando Rodríguez Izquierdo. Su libro, ya clásico, *El haiku japonés. Historia y traducción,* reeditado y actualizado a lo largo de casi cuarenta años, debe sumarse a una maravillosa serie de traducciones de haikus, que ha publicado casi siempre la editorial Satori, sólo interrumpida por la muerte del autor en enero de 2025.

Sin estas obras, y algunos de los autores citados, nunca me hubiera atrevido ni mucho menos, puesto que es un gran atrevimiento, a escribir sobre la belleza del haiku. No hubiera osado tampoco pergeñar previamente versiones de estos reveladores poemas (tres versos de 5, 7 y 5 sílabas) e intentar traducciones directas, sin la solvencia literaria y filológica de Rodríguez Izquierdo y los fundamentos lingüísticos transmitidos por mi profesora de japonés, la traductora y dibujante de manga Ana María Caro Oca. Por otro lado, me he planteado este libro como un reto que pudiera ser aceptado por la autoridad y seguramente la tolerancia de mi amiga Keiko Kawabe, pintora, calígrafa de kanji, residente en Sevilla desde hace muchos años.

Yo había leído ya algunos haikus, antes de mi introducción en el japonés, pero valorándolos muy por encima y con prejuicios occidentales, más concretamente hispánicos. Los traductores, con frecuencia no directos, solían ser demasiado libres y, en mi propia línea interpretativa, tergiversadores voluntarios e involuntarios, direccionales o paródicos. Mi nuevo acercamiento, quizá no menos temerario, se ha debido a esa consideración sentimental a la que me he referido más arriba y a la práctica reciente de traducir y redactar textos japoneses básicos con motivo de mis asistidos intentos de aprendizaje.

Por otra parte, recuerdo que hace unos años Keiko Kawabe me envió unos cuantos haikus de Yosa Buson (1716-1784), traducidos por ella, para que le dijera si a mi juicio habían sido vertidos a un buen español o al menos a un español correcto. En medio de dos perspectivas o mentalidades, había un haiku que, mejor o peor traducido, puesto que la calidad aquí, como en todo, no puede ignorarse, que, alterando un poco el orden de los versos, decía: *Brisa en la tarde. / Azota el agua / las patas de la garza.* Resultaba difícil traducir la palabra *hagi* en el haiku. El sustantivo significa tibia, espinilla, pantorrilla, es decir, la parte que va del tobillo a la corva, pero no más arriba. Para decir pata en toda su longitud el poeta haijin podía haber escrito *ashi*, como pudiera haber escrito *momo*, si hubiera querido decir muslo o fémur. Sin embargo, al elegir Buson la palabra *hagi*, demostraba algo fundamental, que él sí había visto garzas en sus imágenes más frecuentes o características: metidas para pescar en aguas someras, justamente hasta poco más abajo de las corvas.

Siempre he pensado que el poeta, y el traductor, deben saber de lo que hablan y no por aproximación o haciéndose eco de una corriente ya establecida. Al que escribe sobre nenúfares o ruiseñores le conviene haberlos visto y oído respectivamente. A no ser que se arriesgue a no ser creído en cualquiera de las demás cosas que diga.

Todas estas cuestiones sobre la precisión, la experiencia vivida y la intención del autor se me avivaron cuando traté de decirle a Keiko Kawabe algo válido acerca de su, o nuestra, versión del haiku de Buson sobre la garza. Cuál había sido el núcleo de la visión que había interesado al haijin: ¿la sutileza del empuje de la brisa haciendo chocar el agua con las patas de una garza? ¿La finura estática del soporte zancudo, haciendo un exacto cigüeñal con el cuerpo, el cuello y el pico? ¿El agua bajo la brisa con el delicado obstáculo de la garza?

Entonces me pregunté también, y le pregunté a mi interlocutora: una traducción, ¿puede mejorar el original? Respondió que no y naturalmente ya no repliqué. Sin embargo, a la vez que pensaba que iba a tratar de traducir por mi cuenta (si eso fuera en sentido estricto posible) otros haikus, me hice a mí mismo la siguiente reflexión. Yo sí puedo mejorar mis propios textos, corrigiéndolos, como suelo hacer, una y otra vez. Evidentemente, otro autor podría mejorar los míos, por ejemplo, Yosa Buson, si hubiéramos sido contemporáneos. En cambio yo no puedo mejorar a Buson. José María Valverde no puede mejorar a Joyce. Quevedo no puede mejorar una página de Cervantes. Virgilio no puede mejorar a Homero. Y así sucesivamente a través de lo inmejorable, lo que a la vez aseguraría que las cosas o las actividades humanas no pueden empeorar.

Hablando de traducir, hay un libro extraordinariamente interesante, sobre el que en su día escribí una reseña. *El ajá del traductor*, de Miguel Marinas, publicado en 2021 por Libros de la resistencia, que lleva un apéndice de traducciones de canciones de Georges Brassens, a veces muy libres. ¿Estoy sugiriendo que los haikus tratados en este libro lo son de modo semejante? No. Lo menciono como muestra de uno de los extremos en que puede situarse una idea de la traducción en la actualidad. El otro sería el de la pretensión de literalidad o el de seguir la «corteza de la lengua», como quería Fray Luis de León, palabra por palabra y sin interpretaciones implícitas. Cualquier cosa que se intente en el trabajo de pasar una lengua a otra es casi tan difícil como adecuar la realidad percibida a una convención semiológica. La forma en que trata de hacer esto el haiku clásico japonés, y cómo de sus procedimientos surge la belleza o se despierta de donde dormía, es lo que vamos a ver a continuación.

Sabemos en principio, por lo que han dicho los haijin más reconocidos (a la cabeza de ellos Matsuo Basho), de algunas características que no deben buscarse en las pretensiones del poeta y de otras que definen la naturaleza de sus recreaciones. Así, el haiku no debe tener rima, consonante ni asonante, se nota que su autor la evita si surge, lo que no sería nada raro, de modo semejante a lo que pasa en cualquier otra lengua. El hablante de la castellana o española, no ya el escritor, que pretenda traducir un haiku debe ponerse especialmente en guardia, porque le sobrevendrán bellas rimas que le harán pensar en un logro, pero que tal vez lo apartarán de la singularidad del texto japonés. La similitud rítmica puede por otro lado asociarse a alguna otra similitud sintáctica, que no suele producirse en la composición original.

El haiku clásico procede por imágenes paratácticas, por impresiones que no tienen simbolismo direccional, instantáneas de acciones simples o manchas de color. No es un epigrama ingenioso ni una sentencia epistemológica, no se hace eco de una ideología ni de un mínimo análisis. Sus raíces budistas, taoístas o confucianas lo configuran como la sobria impresión de un contemplador que se deja llevar por elementos momentáneos que no ordena, sino que registra superpuestos tal como se manifiestan a los sentidos. El haijin se limita a ser un rasgo más de los fenómenos naturales inmediatos. Si acaso, aspira a la armonía, a la fusión, a un roce sutil con el ser anonadado, a una mística sin destino ni éxtasis trascendental.

El haiku podría tener que ver, salvando mucho las distancias, con la famosa definición de Lautréamont hacia 1869: «bello como el encuentro fortuito en una mesa de disección de una máquina de coser y un paraguas». Pero la chispa que salta del extrañamiento mutuo de los objetos cuando se encuentran en un ámbito no acostumbrado luce con una sofisticación presurrealista que difiere de la aureola sutil y sin pretensiones creativas del haiku. Tiene sin embargo algo en común con la alternancia en el poema japonés de las dos escrituras empleadas en la misma sucesión de los versos: hiragana, que es el sistema propiamente japonés, silábico, sencillo, escolar y corriente, y el kanji, sistema ideográfico chino, más culto, y que tiene además una gran relevancia gráfica. (Como sabemos, en Japón se utiliza un tercer sistema lingüístico, katakana, empleado para transcribir préstamos, extranjerismos anglosajones sobre todo, pero por eso mismo no se verá en una composición clásica).

Lo dicho anteriormente es así en la mayoría de los haikus que se consideran genuinos (hay excepciones, sobre todo en los haijin de principios del siglo XX) y que en este libro corresponden a unos cuantos autores preferidos. Los he querido seleccionar entre los poetas japoneses de la época áurea de este tipo de estrofa, que por otra parte tanto se ha imitado y tergiversado después. El tiempo de los haijin que aquí figuran con algún texto o con más de uno corresponde a las épocas Edo (1603-1868) y Meiji (1868-1912). A la primera pertenecen Matsuo Basho (1644-1694), Hattori Rantsetsu (1654-1707), Takarai Kikaku (1661-1707), Kagami Shiko (1665-1731), Chiyo (1703-1775), Yosa Buson (1716-1784) y Kobayashi Issa (1763-1827). A la segunda, Masaoka Shiki (1866-1902), Natsume Soseki (1867-1916), Takahama Kyoshi (1874-1959) y Akutagawa Ryunosuke (1892-1927). En mi repaso de los poemas de estos autores, y algunos otros próximos o no tanto, he comprobado, pero no es ningún descubrimiento, que abundan las coincidencias de perspectivas del observador y de realidades y fenómenos aprehendidos, fijados con los mínimos recursos lingüísticos, predominantemente nominales, y recreados con procedimientos más deícticos o representativos que connotativos o metafóricos. No obstante, la *mise en abyme* de la que habló André Gide flota muchas veces sobre los haikus, y probablemente más si el lector es occidental.

En cuanto a un posible registro de campos semánticos preferentes, e insistentes, he ido agrupando los haikus leídos en bloques de contenido que establecen el orden del libro. Esta elección temática pasa por las estaciones, el reino vegetal, la ingenua observación de aves y otros animales, los fenómenos de la naturaleza (con frecuente visión panteísta, sintoísta, humanizada y zen), los sentimientos y sensaciones, los textos enigmáticos, paradójicos o absurdos, la religiosidad y la filosofía de la vida y la muerte. Cada capítulo del libro, sin embargo, no está encabezado por un epígrafe conceptual o de generalización-clasificación intelectual, sino por una expresión poética procedente de algún haiku. El que sirve en cada caso de caracterización temática se escribe primero en su forma japonesa, luego se transcribe fonéticamente y finalmente se traduce, comparando versiones cuando procede, y se comenta desde el punto de vista de la mayor o menor belleza que pueda comunicar.

Por lo que respecta a las transcripciones de palabras japonesas al español, he optado por el modo más sencillo, y ya frecuente, de no marcar las vocales largas duplicándolas, ni colocar sobre ellas el signo macrón que en otros sistemas se usa para lo mismo. Así escribiré Osaka, en vez de Oosaka u Ōsaka o Basho, en vez de Bashoo o Bashō. Igualmente he empleado i latina en vez de y para transcribir topónimos como Tokio o Kioto, a pesar de que varios traductores han empleado y aún emplean la grafía griega: Tokyo o Kyoto. He utilizado letra cursiva cuando he tenido que referirme a palabras japonesas por cuestiones fonéticas, morfológicas o sintácticas. Para la traducción y comentarios de los haikus seleccionados o mencionados como apoyos explicativos se verá en cada caso mi opción justificada, o justificativa, en orden a establecer una idea común, una orientación clara en torno al ritmo, siempre respetado, y al territorio del significado, normalmente no al pie de la letra, pero menos aún en la libertad de las traslaciones paralelas o las adaptaciones interpretativas. De todos modos, aspiro a leer los haikus a mi manera, nunca con pretensiones de canon o modelo, y situándome bajo el tono más japonés que me sea posible. Indudablemente, habrá en este libro muchos puntos de discusión, ciertas opciones que podrán juzgarse desviadas o erróneas, cuestiones que un conocimiento superior de la leyenda, la historia y la lengua japonesas habría resuelto con mayor fidelidad.

LLUEVE FUERA Y EN CASA

雨垂の
内外にむるる
藪蚊哉

amadare no
uchito ni mururu
yabuka kana

Agua del cielo.
Llueve fuera y en casa,
más los mosquitos.

Kobayashi Issa es el autor de este perfecto haiku estacional, que en principio registra un hecho muy conocido: una lluvia veraniega, sofocante y prolongada como acostumbra en Japón, para la que la casa donde el poeta se cobija no tiene suficiente protección. Caen goteras, llueve en el jardín y llueve obviamente por los alrededores. El acontecimiento está contemplado sin alarmas ni quejas, como si ante esa clase de lluvia no hubiera más recurso que la aceptación. No sólo eso, como si el fenómeno fuera digno de admiración e identificación natural. El agua que cae no es únicamente un hecho atmosférico, sino un contagio doméstico y personal. El haijin no tiene más que constatarlo, pero además registra otro suceso que viene con la lluvia estival, los mosquitos, aunque no se subraya la relación de causa-efecto, sino que los insectos aparecen de manera simultánea, por más que todo el mundo sepa que el calor y la lluvia unidos favorecen su propagación.

Al lector no se le ofrece la aparición de los mosquitos en forma de inconveniente, molestia o algo peor, sino con un matiz de fatalidad. Ya se tomarán medidas contra las picaduras probables, pero de momento aquí estamos para asistir a un acontecimiento que, con sus contratiempos no formulados, producirá tal vez algún beneficio no fácil de precisar. Por otra parte, cuando el haiku habla de los mosquitos, parece que éstos llueven también con las gotas de agua, como si no hubiera sucedido un trámite biológico entre las precipitaciones torrenciales del verano y la generación más abundante de huevos eclosionados. Los mosquitos y el agua son casi lo mismo, igual que es casi lo mismo lo que ocurre fuera que lo que ocurre dentro.

Lo referente a las estaciones y al paso del tiempo necesario para que lleguen y se vayan suele expresarse, más que por una observación conceptual o filosófica, por una imagen puntual, representativa o característica sí, pero no suficiente. Aquí se comunica algo que suele ocurrir en verano, pero no se hace hincapié en lo que pudiera ser un símbolo de la totalidad. Así, el tránsito, que es propio de las estaciones, no deja la impresión de lo pasajero, de la efímera diacronía, sino la fijación del instante y la fusión permanente de dos o tres hechos que no se muestran importantes, que no tienen un poso grave ni una ambición interpelativa. Sucede algo que es connatural con otra cosa, pero que a la vez no deja de sorprender y sugerir una ironía nada atribulada, una perplejidad sutilmente divertida. Lo que es natural es también raro. La lluvia y los mosquitos van juntos, pero al mismo tiempo no tienen nada que ver. Es como si el hombre que va a soportar las goteras y a esperar las probables picaduras de los dípteros aceptara esos acontecimientos intermitentes no por sus probables perjuicios, sino por el prodigio de que realmente sucedan y se den encadenados. Al emplear el haijin poco material literario y apenas enlaces de sucesión, da valor a lo pequeño y puntual, da valor a lo que supuestamente no tenía tanto. De ese modo, algo vulgar y corriente, incluso con aspectos negativos, produce una leve descarga favorable, fija una capacidad sensible no ya para captar, sino para crear un espectáculo universal, una vibración estética que no arrastra ni perturba, pero que identifica.

Igual que Issa en este poema de lluvia y mosquitos como señales veraniegas, procede Takahama Kyoshi respecto a la primavera en otro haiku notable: *Ya es primavera, / montes de Kamakura / con sus camelias*. Aquí (donde me ha sido imposible sustraerme a la rima) son estas flores las que anuncian la estación, aproximándose a esa ciudad costera, que fue en tiempos medievales importante. Tanto que lleva el nombre de un período histórico de Japón, el que se inaugura a finales del siglo XII desde la batalla de Dan no Ura, en la que Minamoto no Yorimoto venció a Taira no Munemori. Kamakura es famosa también por el gigantesco Buda del siglo XIII que se exhibe a la intemperie, en el espacio del templo Kotokuin, y por sus verdes colinas cubiertas de flores, entre ellas las camelias del haiku.

La belleza convocada por las palabras del haijin sí podría llevarnos al ámbito moderno de Lautréamont, a la vez que nos retrotrae a ese período ya más legendario que histórico. Es una conjetura, pero seguramente Takahama Kyoshi, de familia literaria y hombre culto y discípulo del renovador Masaoka Shiki, conocería muy bien el pasado y el presente de Kamakura. En su mente no podría dejar de estar, de forma consciente o en su inconsciente colectivo, esa memoria de la base militar de Minamoto, y, entre otros, el santuario sintoísta Tsurugaoka Hachimangu, dedicado a la deidad protectora de los samuráis. Junto a ellos, y en gran contraste con su pasado violento y glorioso (valga la redundancia), las verdes colinas, tan estratégicas como hermosas y abiertas al mar por el sur, y las camelias que también fueran una dedicación y un delicado emblema de floricultura samurái.

Se reúnen para esta primavera cuatro elementos característicos: la gesta remota que derrotó por las armas al clan Taira, la ciudad de Kamakura entre el mar y los montes florecientes y las camelias silvestres, con las botánica y secretamente perfeccionadas por mediación humana. Dos de ellos están en el pensamiento y los otros dos en la realidad. Entre ambos bloques conceptuales se hace presente la nueva estación, que, como subrayara Antonio Machado, llega sin saber cómo. Pero tampoco importa demasiado, la historia y la ingeniería botánica son tan ilusorias y pasajeras como el tiempo. No lo son el nombre de Kamakura y las laderas de sus lomas cubiertas de camelias. Queda otra vez una impresión pacífica que sugiere una actitud meditativa casi sin objeto. La pura constatación de las camelias, esas flores permanentes por encima del transcurso de la estación y por encima de las evocaciones japonesas de Kamakura. El haiku hace pensar en aquel relato genial de Borges, *La rosa de Paracelso*, en el que, entre otros asombros narrativos, se explica cómo es indestructible la rosa que quiere quemar y hacer resurgir un discípulo del alquimista.

Otro autor de haikus, muy conocido fuera de Japón como novelista y particularmente por su obra más divulgada, *Soy un gato*, es Natsume Soseki. Entre muchos otros poemas, estacionales o no, escribió: *Veo sentado / otoño bajo el cielo / la luna nueva*. Lo traduzco así, sin signos de puntuación, por cierto igual que en los haikus originales, por lo que se explica a continuación. El poema no avanza con la estación a la que se remite, sino que los elementos nominales, más que propiamente gramaticales, son mónadas estáticas o que van y vienen entre ellas. Un hombre sentado (el poeta observador), signos otoñales bajo el cielo y la luna nueva. Los tres versos son intercambiables y en las seis permutaciones que se pueden hacer con ellos, el sentido apenas variaría. El hombre sentado ¿ve una luna menguante de otoño? ¿Ve el otoño bajo el cielo y la luna nueva es el resultado? ¿Ve una luna que no se ve, precisamente porque es nueva? Cuando se refiere a la luna como segundo paso de un mes a otro (*futatsukime*), ¿está pensando en el tránsito de una estación a otra y no en el concepto astronómico de «luna nueva» o novilunio?

Es probable que el haijin, si dice que ve sentado (*zashite miru*), esté viendo realmente, más que suponiendo una luna invisible, pero al referirse a una segunda luna también hace pensar en la renovación natural de la luna, que tiene que pasar forzosamente por esa fase de novilunio en la que no es visible desde la Tierra. De un modo u otro, el haiku oscila de lo seguro, que es el sujeto contemplador, al objeto directo fluctuante entre el tiempo otoñal y la luna.

Para cerrar el ciclo de las estaciones, aunque aquí, en el territorio del haiku, no hay por qué seguir su orden habitual, propongo leer un poema de Masaoka Shiki. El autor, correspondiente a la era Meiji, amigo de Soseki, periodista y crítico literario, dejó escrito que el haiku no es una proposición lógica y ningún proceso de razonamiento debe aflorar a la superficie del mismo. El poema traducido a continuación enlaza en parte con el tono levemente irónico del haiku de Kobayashi Issa sobre la copiosa lluvia veraniega y los mosquitos y con el sutil y fugitivo registro del paso de las estaciones: *Invierno cerca. / Este año la barba / voy a dejarme.*

¿Qué tiene que ver la cercanía del invierno con que el haijin se deje la barba? ¿Dónde está la poesía de esta mínima composición? Uno repite los tres versos (de modo idéntico sucede en otros muchos haikus) y tiene la sensación de que algo se escapa, lo que se escribe tiene su ser en otra parte, no está todo en los versos ni en las palabras, ni en la canónica estructura de pentasílabo, heptasílabo y pentasílabo. El poema parece dicho a alguien, pero ¿a quién? O tal vez es un pensamiento en voz alta, un pensamiento doméstico o una información familiar o trivial. Comprendemos primero lo que es evidente: el invierno se aproxima, no ha llegado aún, y un hombre piensa dejarse la barba. ¿La tenía ya y va a seguir con ella en los meses fríos o va a empezar a dejársela? ¿La barba sirve de algo en invierno o la decisión de dejársela es caprichosa? ¿Tal vez a Masaoka Shiki le da más pereza calentar agua y enjabonarse en el tiempo frío que si estuviera en verano? ¿Abriga algo la barba o da la sensación?

Esas cuestiones un poco tontas ocultan sin embargo una cara como la de la luna de Soseki. Ahí está el haijin, calculando cambiar su imagen como un niño que envidiara una personalidad más hecha. Tal vez imagina que su rostro va a concordar mejor con la nueva estación, que los demás lo verán de otro modo, quizá la barba le va a sentar bien, quizá se convertirá en un contrapunto invernal, tal vez va a ser algo no hecho en otros inviernos. A lo mejor eso le dará más vida, la ingenuidad de la pequeña ilusión le va a conectar con el misterio del tiempo, le va a asimilar a otros barbudos conspicuos, puede que lo funda mejor con el transcurso ajeno de la existencia. Sin embargo también pueden eliminarse todas esas identificaciones y conjeturas. Dejar la imagen desnuda, la belleza no expresada que corre desde la nimia intención del poeta hasta la evolución meteorológica de la Tierra. Que corre como un fantasma o un gato silencioso por debajo de las mesas, ofuscándose u olvidándose en el origen de los sentidos.

COMO DEL CIELO

天からでも
降ったるよおな
桜かな

tenkarademo
futtaruyoona
sakurakana

Como del cielo,
descendiendo las flores
de los cerezos.

Uno de los campos más frecuentados por los haikus japoneses es el que se refiere al reino vegetal, cosa que no deja de ser sintomática. Es el territorio intermedio entre la materia inerte del mundo y los animales y humanos. La botánica establece un lazo que une la geología a la zoología, conecta la percepción sensorial, que querría reflejar el haiku, con las inevitables reconstrucciones y resignificaciones de las estructuras del lenguaje. En este primer poema propuesto, de Kobayashi Issa (en el que tampoco he sabido evitar la rima), debe hacerse no obstante una observación antes de decir nada de los cerezos. Cuando el poeta ve y hace ver una nevada de pétalos de la flor japonesa por antonomasia, llamada *sakura*, parte de la ficción o la ilusión de que sea el cielo su emisor y no los árboles. Pero, claro, no hay que pensar necesariamente en el cielo como espacio trascendental o divino, sino probablemente en la altura o las alturas y también en una dimensión personal abstracta. De todos modos, si Kobayashi Issa, que fue monje budista bastantes años de su vida, hubiera querido referirse al cielo físico, habría elegido la palabra *sora* y no *ten*, siempre que no tuviese que atender, aunque fuera en parte, a razones métricas o incluso visuales.

La idea de la composición parece ser la de la instantaneidad del amplio revuelo blanco y rosado de los cerezos. Sus flores no acaban de caer al suelo, no se han posado todavía, cuando son interceptadas por el haijin y por cualquier espectador. Tampoco tienen su origen natural en las ramas de los árboles, sino que se ciernen sin principio ni solución de continuidad. O sea, el núcleo del haiku es un oxímoron de contenido más que de forma, la temporalidad, incluso con el aspecto verbal de gerundio, pero a la vez congelada, como si la imagen fuera el final de una película y funcionara para recordar de modo vago e impreciso todo lo que ha pasado antes. Eso abona la anfibología de que sea además la capacidad receptiva del contemplador el ámbito sensible, pero también creativo, del que se desprenden las flores de los cerezos.

En una perspectiva tan diferente como conectada, los haikus, aunque en éste no ocurre en su lengua original, a pesar de que suelen eludir las rimas, como se ha dicho, no dejan de recurrir muchas veces a las paronomasias (en japonés normativo se imponen con frecuencia), a los paralelismos morfofonéticos o semánticos y a las aliteraciones motivadas. En la presente traducción esto se ha dado, no de una manera premeditada o voluntaria, sino como un mero hecho fortuito, reconocido a posteriori. Los tres versos cecean (cielo, descendiendo, cerezos), contribuyendo al roce inaudible de las flores al suspenderse en su caída, como en el silencio de las alas de una lechuza.

Si se trae a estas páginas un haiku sobre la *sakura*, y habría multitud de muestras semejantes, cómo no incluir el arroz y los arrozales, elementos imprescindibles para el propio mantenimiento de los japoneses a lo largo de los siglos. Su relevancia folklórico-estética no es ni mucho menos secundaria, y así lo registra el mismo autor en el segundo poema vegetal que se cita aquí: *Gentes de Asia, / ved plantar el arroz; / flauta y tambor*. Se trata de un poema en parte retórico y en parte impresionista, que recupera un trabajo de subsistencia, es decir, eminentemente práctico, junto con una celebración popular que no lo contempla desde fuera, sino que se funde del modo más natural.

Se recordará que en una de las escenas finales de *Los siete samuráis*, de Akira Kurosawa, las mujeres y hombres campesinos, por los que han dado sus vidas esos extraviados hombres de armas, se dedican a ir introduciendo en la tierra inundada plantones de arroz, mientras entonan eufóricos una canción que suena al ritmo de flautas y tambores. La música viaja por el aire de la plantación, primero expresada por un solista y luego contestada a coro. Se diría que los cuerpos son conductores del ritmo, puesto que clavan su puño con la semilla a un golpe de tambor, y que por él establecen ese pacto vital con la tierra. La actuación es casi trágica y absurda dentro de su armonía, es otra cara del valor generoso de los samuráis, resulta por otro lado la promesa de una belleza posterior, la de los campos con las plantas crecidas y preparadas para la recolección. Esos «flauta y tambor» con los que el haijin remata sus versos son por lo demás connaturales con el arroz: la flauta o *fue* es de caña, generalmente de bambú, y el tambor, *taiko*, está hecho de un tronco ahuecado y parches de pieles animales. Casi podríamos decir pieles humanas.

Esa escena de Kurosawa coincide a la perfección con la concepción del haiku por parte de Issa. Éste se deja pensar como una especie de monumento histórico: gentes de Asia, no sólo japonesas, ante una forma de agricultura común en la región, pero con usos de apoyo estético que sí son japoneses. La grandiosidad del arranque desciende con unas delgadas briznas de ironía y arroz hasta la flauta y el tambor, o sea, instrumentos apenas más elaborados que el material de la siembra, instrumentos mínimos y sumamente sencillos. Entonces el poema adquiere su característica principal: no es en verdad monumental ni histórico ni épico y ni siquiera lírico. Es la instantánea acústica y deslumbrante de una viñeta que por un lado es popular y por otro universal.

Hay otros muchos haikus del mismo autor, cuyos distintivos vegetales serían dignos de sumarse a los cerezos y al arroz: *Mi vieja patria, / sobre sus altos cedros / lluvia de otoño*; *Alta paulonia, / rápida se deshoja, / siempre se yergue*; *Qué soledad. / Ya siembran ipomeas / en ese campo*; *Flores de colza, / desde el volcán de Asama / gran humareda*. Y para cerrar la serie de composiciones de Issa en este campo: *Lluvia en verano, / en medio de bambúes / mi patria chica*. Este haiku merece destacarse porque cumple una de las propiedades del tríptico de las 17 sílabas que más se han subrayado: la de parecerse a un iceberg en cuanto no presenta más que una mínima parte de lo que es. ¿Quizá el haijin tampoco quisiera que mostrásemos demasiada curiosidad por esos contenidos ocultos? Las asociaciones razonables, desde luego para un occidental, son obligadas, aunque al final pudieran relegarse.

Más haikus botánicos, cada cual con sus rasgos característicos, corresponden cronológicamente a Matsuo Basho, Masaoka Shiki y Takahama Kyoshi. Al primero se debe: *Montaña abajo / hallé una maravilla: / la violeta*. El poema (con la traducción del primer verso un tanto libre, porque tal vez no sea «montaña abajo», sino «viniendo, o bajando, de la montaña») destaca de todos modos por su gradación descendente hasta detenerse en la violeta. No celebra tanto la grandeza de la montaña ni la valoración proléptica o anticipada del haijin, sino la flor sola, de la que no se da detalle alguno de color ni forma. Es curioso, aunque contradiga un poco esa simplificación descendente, que la violeta a la que se refiere Basho pudiera asimilarse a la especie denominada *Viola mandshurica «Fuji down»*, con lo que la montaña mítica japonesa, y no sólo por el nombre de la flor, volvería a estar, si lo supiera, en la mente de quien lee el haiku.

Masaoka Shiki contribuye a ese significado paralelo o *mise en abyme* que se mencionó al principio y a la insegura sugerencia de una interpretación simbólica: *Por pedregales, / al marchitarse caen / los crisantemos.* Podría suponerse que el poeta está escribiendo una parábola, como la del sembrador en el *Evangelio* de Mateo: la semilla (la palabra) que cae entre espinos o en tierra estéril y la que fructifica por haber caído en tierra fértil. O podría referirse al crisantemo en cuanto flor japonesa imperial (lo mismo que la paulonia se asocia al gobierno). ¿Es una metáfora en ambos casos, referida a las dificultades humanas para continuar la fe y la excelencia de las generaciones? ¿Una lamentación menos trascendente sobre la mala suerte de una hermosa flor al ir a parar a un suelo pedregoso e improductivo? Si hay que hacer justicia al haiku, huelgan todas esas especulaciones. El crisantemo es el crisantemo, como el caballo del *Guernica* para Picasso era «un caballo», y la piedra es la piedra. Basta la visión, momentánea y eterna, de esas flores blancas posadas al marchitarse sobre un pedregal.

En el haiku la belleza se da por denominación sencilla y directa, pero incluso por ausencia y olvido. Metaforizar es una vieja y desgastada propensión estética, como con muchas matizaciones reflexionó Jacques Derrida. Así el viejo poema japonés resulta más moderno que lo moderno, ha comprendido que el señalamiento semiológico de la realidad no es un procedimiento inferior a la traslación o a la elisión de significados. Explicar un cuadro de Mark Rothko es más fácil que explicar uno de Rafael o Velázquez, porque en el primer caso el objeto no replica, pero en los otros dos no permite desviacionismos ni pretexos. Decimos, por ejemplo, que «la aurora de Nueva York tiene cuatro columnas de cieno» (lo que nunca hubiera escrito un haijin) y nos abstraemos de lo que es una aurora. Creemos que ahí surgió un hallazgo de alto misterio o de profundidad subconsciente o surrealista. Hemos aprendido a acceder por tal vía a un éxtasis pactado o simbólico, al valor sancionado de las comparaciones amputadas o las asociaciones insólitas. ¿Es ese un camino a y por la belleza? Seguramente, porque la vocación humana de salvación del horror es incesante y múltiple, pero la cuidadosa inmediatez del haiku lo asocia a la misma o a la verdad en su fulgor incomparable.

Con un convencimiento idéntico, siendo probablemente el más culto y avanzado de los haijin de ambas eras aquí citados, Takahama Kyoshi aporta los tres haikus del reino vegetal que van a continuación: *Bajo el gran cielo / las flores del magnolio / se balancean*; *Cielo de otoño, / dividido en dos partes / por el gran roble*, y *Blanca peonía… / se dice y sin embargo / también es rosa*.

PARA EL MURCIÉLAGO

蝙 蝠 に
一 と つ 火 く ら し
羅 生 門

koomorini
hitotsuhikurashi
rashoomon

Para el murciélago
el primer fuego oscuro,
puertas de Kioto.

He seleccionado este impresionante y enigmático poema de Akutagawa Ryunosuke como ejemplo de la muy frecuente inclusión de animales en los haikus y también como entrada del capítulo. He tenido la tentación de dejar la palabra japonesa «Rashoomon», en lugar de «puertas de Kioto» porque ya es bastante conocida, en primer lugar por la novela del mismo Akutagawa, y en segundo por la película homónima de Kurosawa. Finalmente por haber terminado dando nombre a la peculiaridad psicológica de deformar la verdad en un relato, y en varios, en función de un conjunto subjetivo de intereses, miedos, fabulaciones fantasiosas y otros condicionantes. Es algo próximo a lo que, respecto a la culpa profundamente borrada, Jacques Lacan llamaría «forclusión».

Lo cierto es que la puerta Rashoomon tiene aquí muy poco que ver con el haiku, aunque su pasado simbólico pesara en la mente del autor cuando hizo recortarse un murciélago en ella y no en otra cualquiera.

Akutanawa Ryunosuke, narrador genial y atormentado a quien su paranoia llevó al suicidio a los 35 años, había escrito su libro más conocido sobre una de las dos puertas principales del Kioto medieval para describir la decadencia japonesa de la era Heian. El lugar le sirvió para ubicar un encuentro de varios personajes que cuentan una verdad a medias en distintas versiones, nunca inverosímiles. Este haiku ofrece un contraste muy extremo entre aquel gran símbolo de todo un período histórico, más las dobleces humanas que luego se reproducirían cinematográficamente, y la fortuita aparición de un murciélago.

Lo más llamativo sin embargo del tratamiento del animal nocturno en el poema es la rareza de ese incomprensible «primer fuego oscuro», porque no sabemos si el inquietante quiróptero ve un fuego real junto a o a través de Rashoomon, si ve una luz no excesivamente clara o el propio sol naciente que le avisa de que debe recogerse. Parece que Akutagawa, que quizá creía, como los antiguos, que los murciélagos son ciegos, al menos cegatos o ratones cieguecitos (según su etimología) quiere asumir las perspectiva del animal para intentar hacerse una idea de cómo vería una luz roja o amarilla, una aurora aún oscura o el fuego enrarecido que fuera. El heptasílabo entonces impresiona porque nos lleva hacia las puertas de Kioto aupados a los ojos peculiares de un murciélago. Al lector le gustaría ver ese fuego oscuro, comprende que su existencia no es imposible, quisiera entender, más que el famoso radar ecolocalizador y las costumbres invertidas del *pipistrellus*, un sistema óptico capaz de recibirlo.

Con el murciélago, abundan en los haikus otros animales voladores, aves e insectos, entre un número menor de mamíferos terrestres, si exceptuamos los domésticos perro, gato, caballo… Así de nuevo en Kobayashi Issa y en el siguiente tríptico: *Ulula el búho: / luciérnaga, luciérnaga… / como llamando*. O en *Para su almuerzo / de la altura desciende / rauda la alondra*. En ambos poemas hay una observación de escenas naturales, ya no tan estáticas evidentemente como sucedía en los capítulos anteriores sobre estaciones y plantas. Sin embargo es más objetivo el segundo ejemplo, ya que la alondra es vista desde fuera, es observada incluso a lo lejos, y el búho es oído tan cerca que el haijin cree entender lo que en su ulular dice.

Siguen otros dos haikus modélicos de Matsuo Basho, dentro del apartado animales, y en concreto aves con sus voces: *Rompiendo el alba / con luz aún violeta / canta el cuclillo*, y *Luz de un relámpago, / por la sombra el graznido / del martinete*. Ambos son muy característicos del gran haijin, según muchos críticos el mejor o el más auténtico. Los poemas recogen momentos corrientes, situaciones fácilmente observables, y el receptor ha sabido actuar otra vez como una cámara fotográfica, pero confiriendo a cada componente un aura que invade con sutil delicadeza los otros campos semánticos próximos. Lo que sucede en el primero está claro: el cuclillo canta iniciándose el amanecer, pero el poema insinuaría la duda de que fuera el pájaro el que rompiera el alba y que la luz violeta estuviera implícita en ese mismo canto. Basho escribe a un paso de la sinestesia explícita, pero no llega a formularla. El sentido del texto, sin puntos ni comas, va y viene, los componentes gramaticales inmediatos permitirían, según el lector, que su función habitual o lógica fuese alterada.

Quizá es todavía más plástica y turbadora la simultaneidad de imágenes del otro haiku. En él la coincidencia de fenómenos es triple: un relámpago, la noche y el martinete. Es como si al ave, una pequeña garza de costumbres nocturnas, no le importase mucho la luz quebrada y temible de un relámpago y siguiera graznando imperturbable. ¿O el martinete responde con su grito a una luz anómala en la noche? Hay dos acontecimientos visualmente contrarios, la luz y la sombra, y uno acústico que o se da sin más a un tiempo, o es un hilo conductor. Y también pudiera ser que el graznido de la garcilla bruja, como es llamada en algunas regiones españolas, fuera la luz en la oscuridad, el canto del martinete creando el relámpago que rasga la tiniebla. Qué extraño igualmente que habiendo tantas garzas diurnas, una de su especie, no muy distinta de las demás, haya tenido que vivir, y consecuentemente graznar, por la noche, y que un haijin haya oído la voz del ave bajo unos condicionantes como el fulgor de un relámpago y la oscuridad de la noche.

Con los referidos a estas aves, habría muchos otros haikus acerca de cuervos, golondrinas, cormoranes, faisanes y, próximos a una obsesión nacional, los marcados por la voz de reloj del cuco o el cuclillo (*hototogisu*). Sin embargo no deben olvidarse mamíferos, como el caballo y mucho menos insectos, como el mosquito, la libélula, el grillo. Sobre el primero escribe Natsume Soseki: *Por verdes lomas, / liberado el caballo, / cielo de otoño.* Y sobre el último, la haijin Chiyo: *Noche de luna, / canta desde una piedra / un grigrigri…*

¿Qué es eso de «grigrigri»? En su momento fue una opción muy pensada, y temeraria, para traducir la palabra japonesa *kirigirisu*, de la que la u final no suele pronunciarse. Grillo, por supuesto, es una onomatopeya del aspecto más llamativo del animal, el roce muy audible de sus élitros, igual que lo es en inglés *cricket*. Pensé que, como a veces algún niño dijera «un guau», para referirse a un perro, podría ser válida la parodia infantilizada, más allá todavía de la vocación del haiku, de *kirigirisu*, que es prácticamente un calco sonoro. La parodia más inmediata sería «grigrigri», pero además así se producía otro juego de traslación significativa: el de convertir la estridulación del ortóptero en sujeto del verbo cantar. De este modo no es el grillo el que canta, sino su «grigrigri». (Como cuando Unamuno dice que el topónimo Madrigal de las Altas Torres pinta). Eso nos colocaría más aún en el espíritu del haiku, por la desanimalización concreta a favor de un panteísmo con la mínima intervención de la receptividad-creatividad humana.

木蓮に
夢のよおなる
小雨哉

mokurenni
yumenoyoonaru
kosamekana

En el magnolio
tal vez parezca un sueño
la fina lluvia

Los fenómenos de la naturaleza, no ya los paisajes inmóviles o los estacionales, sino los humanizados o personificados, son asimismo frecuentes objetos de atención por parte del haijin, lo que sucede en esta composición de Natsume Soseki y en mayor o menor medida en los poemas que se citarán después. Esta modalidad más bien animista matiza bastante o modifica el canon antiguo del haiku, porque pide una estructura continuada, una línea de enlace gramatical y una atención a recursos retóricos, ya menos propios de la plasticidad visual o de la fotografía. A quién le parece un sueño la fina lluvia, al magnolio o a quien contempla la lluvia cayendo sobre el árbol. No se sabe muy bien por qué el ámbito del magonolio generaría una actividad soñadora en relación con la fina lluvia, por lo que además de formularse una oración, aunque impersonal, se obliga al lector a establecer un nexo entre el sueño y la lluvia, motivado por producirse en el territorio o en la naturaleza del árbol.

El aliento estético de esta composición surge de lo que se nombra como realidad visible, la fina lluvia, rescatada de su naturaleza para una actividad humana, y el sueño con su doble significado onírico e ilusorio, pero sobre todo de lo que no se nombra: Las hojas del magnolio se adivinan también pulidas o charoladas por un lustre doble, el que las rocía y el que las hace soñadoras. Queda entonces grabado un círculo giratorio, verde, grisáceo, pulverizado y algo deforme, pero arrastrada ya a sus órbitas la propia fascinación del contemplador.

El mismo Soseki convoca una actividad sentimental semejante cuando escribe: *En su caída, / volviéndose en el cielo, / sube la alondra.* El autor, no sólo influido por una idea básicamente budista respecto a la comprensión universal y la compasión humana, sino por movimientos literarios occidentales, ya en plena era Meiji, como un cierto irracionalismo romántico y presurrealista, conecta muy bien con distintos tratamientos de ese mismo fenómeno.

Muchos músicos se han inspirado en el canto y el vuelo de las aves para sus composiciones: Vivaldi, Messiaen, Respighi, Saint-Säens… pero concretamente respecto a esa peculiaridad de la alondra que se visualiza en el haiku, hay que pensar en Ralph Vaughan Williams (*The lark ascending*) y en el poema homónimo de George Meredith en que se basó el compositor. Julio Cortázar aludió de pasada, en *Los autonautas de la cosmopista*, al soberbio poema de Shelley, *A una alondra* («tú, que desde los cielos o cerca de sus lindes, / el corazón derramas / en profusos acentos, con arte no pensado») y él mismo supo ver muy bien esa proeza del ave, tan inspiradora y por otra parte tan vulgar y corriente, desde luego para el pájara que la ejecuta.

Lo que al inolvidable narrador argentino más le llama la atención del comportamiento de la alondra es que su vuelo en círculos parecería sostenido no por el temblor casi continuo de las alas, sino por el propio canto. Los trinos exaltados del ave, derramados desde gran altura, serían como un espíritu creativo, un milagro generador de belleza y libertad. La cuestión sería: qué es más misterioso, que la alondra vuele apoyando sus alas en el aire o que lo hiciera golpeándolo con las emisiones acústicas de su siringe, a modo de un reactor. Cuando Shelley escribe: «Sé bienvenido, jubiloso espíritu, / no fuiste nunca un pájaro», por qué no quiere conformarse con el vuelo y el gorjeo de una simple alondra. Qué es más inquietante y asombroso, un espíritu o un pájaro. Para un genuino autor de haikus, sería lo mismo. Hay una contumaz propensión en el mundo, y más en el que podríamos llamar de la cultura, a cultivar el tópico esotérico, a envolverse en el prestigio de lo fantasmagórico, a preferir los ámbitos alucinados a la materia inmediata y tangible.

Sin embargo, ninguno de los autores mencionados ha visto lo que sí ha capturado Natsume Soseki. No es que la alondra se eleve y luego se sostenga en una ebriedad de prodigios canoros o volátiles, para, cual hoja seca, dejarse caer hasta el suelo (no hasta un árbol, según pretende Cortázar), sino que de vez en cuando frena su caída y vuelve a elevarse. Lo que han entendido y traducido Meredith, Williams, Shelley y Cortázar está muy bien, y puede resultar emocionante y sugestivo, pero no parece que ellos hayan asistido con suficiente atención a las costumbres y evoluciones de las alondras. Es normal que, sobre todo en primavera, se eleven, trinen como posesas y se dejen caer para frenar ya casi contra el pasto, pero no lo es tanto que en esos picados sobre el espacio de búsqueda del nido, o sobre el nido mismo, se frenen para reanudar el ascenso y repetir su exhibición. El haijin sí ha asistido a esa pequeña proeza (que otras aves no hacen) y no ha querido darle al hecho ningún valor simbólico, al menos de manera expresa, quizá porque está seguro de que a cualquiera se le va a ocurrir una interpretación o una aplicación humana.

La belleza una vez más está en la renuncia. No tergiversemos o minimicemos con elevaciones parabólicas o didáctico-moralizantes lo que ya es en sí una maravilla admirable e incomprensible: un pájaro en su vuelo, con sus ascensos y descensos habituales, que no necesita refugiarse en el paralelismo, el conocimiento o la apropiación. Y lo mismo podría decirse, mutatis mutandis, de los otros tres poemas elegidos del autor: *Cuerno caído, / tu cabeza se inclina, / ciervo de Nara*; *Hoy y mañana, / compromiso acordado, / bambú de nieve*, o *Caen las flores / en sombras destrozadas / que se dispersan.*

Este último haiku es muy parecido en su arranque al de Basho: *Cae el rocío; / si con él se pudiera / limpiar el mundo*, con la diferencia de que el haijin clásico, ex samurái y ex ronin antes de su itinerario ascético-poético, intruduce un juicio moral de amplio espectro. Si el mundo precisa de una limpieza, con el rocío, ya que con otra cosa habrá sido imposible, es que el mal entre los seres humanos está profundamente arraigado. De todos modos, al ser esta interpretación demasiado amarga y desesperanzada, cosa no tan frecuente en los haikus, el poeta pudiera estar ironizando o refiriéndose a una suciedad no necesaria o solamente humana, sino asimismo natural o física. Lo que queda en todo caso es el rocío, potenciado por esa desmesurada comparación. Es como si Basho hubiera recurrido a un método revulsivo para hacer ver al lector la gran belleza efímera de algo tan sutil e insignificante como el rocío.

Tal habilidad en este mismo autor, o tal instinto poético, se deja ver en el haiku: *Suenan mis manos, / el eco trae la aurora, / luna de estío*. Es difícil escribir sobre esto, pensar, registrar el sentimiento. La belleza se oculta dentro de ti, el octavo pasajero que se resiste a emerger al exterior. Los materiales son pocos, pero combinados o en solitario generan una infinidad de ondas, que al alisarse hacia la nada, retornan y renacen. El haiku resulta además una imagen visual y acústica doble. Por un lado oímos el sonido de unas manos al entrechocar, con su eco. Vemos «los rosados dedos de la aurora» y sentimos el verano en torno a una luna simultánea. Por otro, sea o no el eco de las palmadas el que levanta el amanecer, vemos al propio Basho en su actitud de observación o provocación pura y casi infantil, en su búsqueda encantada de la fácil magia del mundo. Qué admirable también imaginar que el haijin está asistiendo a lo que va a escribir en tres versos a una hora tan avanzada de la noche. Él ha presenciado los accidentes de la naturaleza, sus figuras y efectos, en todos los momentos del día y en toda clase de lugares. Un hombre solo en el repecho de un bosque, con una roqueda al fondo para devolver bien el eco y el gesto de hacer chocar las palmas ahuecadas, como si la aurora fuera un sereno (si alguna vez hubiera existido tal personaje en Japón) que va a acudir con sus llaves a abrir la puerta.

LÁGRIMAS DE TUS OJOS

若葉して
御目の雫
ぬぐわばや

wakabashite
onmenoshizuku
nuguwabaya

Con una hoja
lágrimas de tus ojos
enjugaría.

A pesar de lo que se ha venido insistiendo acerca de la instantaneidad contemplativa de la mayoría de los haikus, en las definiciones más autorizadas, entre ellas sin duda la del propio Matsuo Basho, no es difícil configurar un pequeño corpus sobre las sensaciones y los sentimientos humanos, con sus inevitables dinamismos, oscuridades y gradaciones psicológicas. El haijin citado (y el que probablemente lo es más en toda la literatura al respecto) se ha introducido a veces en ese territorio, aunque menos que en los paradigmáticos, ofreciéndose a diversos comentarios. El primer ejemplo, que por cierto suena un tanto a flamenco y puede que a copla, resulta de todos modos un tanto insólito para los modelos japoneses, dejando a un lado las aliteraciones de la traducción, una vez más no pretendidas.

Creo que tampoco habría que considerar mucho el estereotipo literario-sentimental de enjugar las lágrimas a alguien que llora, pero sin duda está en el haiku por vía de la compasión, lo que, como ya se ha dicho, con frecuencia late en el fondo de este tipo de poema. En el que inicia el presente apartado temático sí es más característico y llamativo el hecho de que quien enjugaría esas lágrimas sentidas lo haría con una hoja, y que eso sea lo primero que dice el haijin. El acto, que desciende de la naturaleza a lo humano ajeno y a lo propio, podría haberse ejecutado con un pañuelo, con los dedos o los labios de quien se ve afectado, pero la elección de Basho es inequívoca. Una hoja vendría a representar el mundo vegetal, vivo y no tan inanimado. Vendría a ser una especie de antídoto poderoso, algo que llegaría a esos ojos lacrimógenos de un dominio muy diferente del sentimiento limitado que habrá hecho brotar el llanto, quizá todavía contenido, del que se habla.

Con todo, cabría la eventualidad de que esas lágrimas del haiku no estuvieran asomando a los ojos anónimos por la tristeza o el sufrimiento, sino, al contrario, por alguna gozosa emoción, por ejemplo la de contemplar un hermoso bosque con las verdes hojas de sus árboles al viento. En ese caso, enjugar las lágrimas con una hoja cobraría un sentido entre concordante e irónico. Hace pensar en una famosa y ya lejana rumba catalana, en la que «una lágrima cayó en la arena» de la playa y fue absorbida por una ola. Por otro lado, por qué reaccionar ante las lágrimas con el resorte habitual de un repertorio de gestos y ademanes dirigidos a enjugarlas. Recordemos un momento la *Égloga I* de Garcilaso, en la que Salicio, lamentándose de sus penas de amor, no trata de contener el llanto, sino que dice y repite: «salid sin duelo, lágrimas, corriendo».

Habría una última sugerencia, a partir de este haiku: la persona que llora, y que en principio sólo es receptora contemplada, podría hacer algo por su parte, además de tener lágrimas en sus ojos: vería acercarse a ellos la fresca hoja que fuera en unos dedos consoladores («el ojo que ves no es...»). Vería su color, su nervadura, la perfecta forma geométrica de su perfil. Vería algo comparable a lo que recibiría en sus pupilas Miguel Strogoff cuando el sable al rojo vivo del tártaro pretendía cegarlo. O aún otra cosa: pudiera ser que el piadoso poeta no tuviera en sus manos ninguna hoja para enjugar aquellas lágrimas y estuviera expresando únicamente un deseo, una hipótesis afectiva: «lágrimas de tus ojos / enjugaría».

Basho avanza un poco más, respecto a la complejidad sentimental, e incluso a una idea de modernidad, en los dos haikus cuya lectura se propone de forma complementaria para este capítulo: *Estando en Kioto, / qué nostalgia de Kioto / si canta el cuco*, y *En mi tristeza / haz que me sienta solo, / cuco, cuclillo*. Se imponen antes de nada un par de explicaciones, simbólica y ornitológica. En Japón el cuco o *kankodori* (nombre referencial en su literatura) simboliza el amor no correspondido, sin distinguirse mucho en las traducciones si el cuclillo es o no el mismo animal. Por supuesto, ambos nombres aparecen profusamente en haikus y no siempre, ni mucho menos, con esa frustración amorosa como verosimilitud interpretativa. El cuco (*cuculus canorus*) y el cuclillo o *hototogisu* (*cuculus poliocephalus*) es claro que no son la misma ave, aunque ambas pertenezcan a la familia Cuculidae, como el críalo, el correcaminos y otras. Ambos pájaros son esquivos, bellos pero más oídos que vistos, y su canto, que en parte les da nombre, suelen prodigarlo sobre todo en primavera, a mediodía o a la caída de la tarde.

El primer poema da pie a dos modos de entendimiento, salvo alguno más que estuviera en la mente o en la sensibilidad particular del haijin. Basho puede referirse a la capital de Japón, cuando la era Edo, en un tiempo en que él era joven y la ciudad más conservadora de las esencias nacionales, y luego a otra Kioto, ya en la occidentalizada era Meiji, con la capital en Tokio. Él entonces sería, o se sentiría, un hombre mayor (aunque menor de 50 años, edad a la que murió), y tal vez había comprobado que el canto del cuco se oía menos en los jardines modernos que en los antiguos. Eso le produciría una nostalgia de la vieja ciudad, nostalgia de las geishas, los samuráis, la juventud perdida junto a la abundancia de cucos o cuclillos y una forma de vida rústica y preindustrial. Sería algo similar a lo que sintió Pasolini cuando se dio cuenta de que en la Italia de los años 60 del siglo xx habían ido desapareciendo las luciérnagas, lo que le sirvió para asociar el hecho a la contaminación química de las tierras y las aguas, a la enajenación de la existencia nacional, a la política humanamente degradada y a la destrucción antropológica que implicaba el hedonismo consumista.

Otra interpretación, más arriesgada, pero que no deja de ofrecerse a una mentalidad actual, sería la de suponer que Basho tuviera nostalgia de Kioto en la misma Kioto, es decir, que le conmoviera una memoria anticipada. No es algo muy raro experimentar esa melancolía del presente que pasará, acusar la presencia de la belleza, el bien, la alegría, situándose el que lo contempla y lo vive en el tiempo futuro en que ya habrá perdido todas esas cosas. Sentir por adelantado lo que uno va a sufrir cuando alguien amado, y aún vivo, muera, el abandono de una ciudad idealizada antes siquiera de volver a ella. Sentir incluso el sufrimiento de los otros, viéndolos dejar atrás, ver perderse en el olvido, lo que todavía está siendo para ellos un tiempo feliz. Ver la vida actual desde la muerte venidera («soy un fue, y un será, y un es cansado»), el espacio armónico de la presente identificación desde un mañana desolado y sin retorno.

Del último poema de Basho para las sensaciones y los sentimientos, tendría que valorarse en principio alguna licencia traductora más atrevida y personal que otras inmediatas o anteriores. He escrito en el último verso «cuco, cuclillo», a sabiendas de que en sentido científico eso es imposible: o «cuco» o «cuclillo», pero la segunda palabra no es más que un diminutivo de la primera, así que he optado por dar a «cuclillo» el valor de un adjetivo con carga sentimental. «Cuco cuclillo» quisiera ser por añadidura un remedo del canto de ambas aves. También tengo mis dudas acerca de que cuando el haijin dice que oye al cuclillo, se trate verdaderamente de este pájaro y no de su hermano mayor, el cuco, cuya voz «relojizada», «cu-cu», es mucho más identificable, salvo que el haijin sea un experto ornitólogo. Hay que reconocer en cualquier caso que en el primer haiku el autor escribe *hototogisu*, o sea cuclillo, y en el segundo, *kankodori*, o sea cuco.

Tal vez eso sea lo de menos, tal vez no, pero por el intento auditivo no se va a pasar por alto una singularidad significativa más elaborada psicológicamente, y es la expresada cuando, en su tristeza, Basho viene a decirle a la voz del *cuculus*: «haz que me sienta solo». De nuevo el haijin demuestra una maravillosa sensibilidad y una actitud consecuente con la asunción de la soledad (¿concordando inequívocamente con su tristeza? Nietzsche invocó aquello de «Soledad, patria mía»). Así que ¿el cuco reforzaba con su voz la soledad del hombre? ¿Se trata de un subrayado de la tristeza, lo que sería tan valeroso como bello? ¿O se trata de que el canto del ave crea el contrapunto idóneo para una soledad procurada, en vez de rehuida?

Pienso que tampoco esto último será lo acertado por el haiku: más bien se pierde conocimiento al analizar. Lo que se comunica es algo parecido a lo que se percibe en un jardín zen, pongamos en el del templo Ryoanji de Kioto. El templo, de madera y muy abierto al exterior, como suelen ser, tiene un jardín vegetal, normal diríamos, por uno de sus cuatro lados, natural pero cuidado al gusto japonés, tan perceptible e imperceptible. Por el opuesto aparece un gran rectángulo de gravilla blanca rastrillada, en el que sobresalen islas de piedras oscuras de distintos tamaños y formas, con pequeños círculos de musgo en sus bases. No hay que hacer nada más que contemplar el conjunto. La mirada actúa sola, se deja llevar por la extraña atracción de los elementos inertes. De una piedra a otra piedra se produce un largo salto de ida y vuelta. Es inevitable la combinación de viajes por el archipiélago irregular, que no sólo no cansan, sino que invitan silenciosa, pacíficamente, a continuar. El recorrido cesa por una imposición caprichosa, porque no puede cesar. A medida que la mirada repite sus recorridos o cambia el orden de las líneas de acceso y retroceso, algo sucede en el ánimo y los sentidos, el ser contemplador está a punto de anularse, se capta que habrá una revelación a la que no vamos a acceder.

Con la soledad de Basho, el canto del cuco o el cuclillo y la tristeza del haijin sucede lo mismo, no es la naturaleza de los elementos, sino su relación en órbitas incesantes, su eliminación de energía, su misticismo sin divinidad. La soledad, la tristeza, la voz crepuscular del ave, las faces de las piedras, las irregulares distancias que las alejan y conectan, son promesas válidas en sí mismas, constataciones profundas y al tiempo etéreas, son seguridades cósmicas por encima de los avatares de lo ocasional.

A tanta y tan inmediata distancia como de una piedra a otra en el jardín seco de Ryoanji, está Matsuo Basho del Kobayashi Issa que escribe: *Enveje-*

cemos, / sólo quemar mosquitos / la gran proeza; Mi padre aún vive, / bajo el cielo mirando / los arrozales; Por propio impulso / se inclina mi cabeza, / monte Kamiji; Ya primavera, / locura tras locura, / todo retorna, o *Por año nuevo / convertirme en un niño, / si yo pudiera...* Los cinco haikus tienen en común un aire más humanista y personal que panteísta y una cierta ironía amarga que avanza sobre la mentalidad de Basho. Lo que sucede, más que en el mundo, es ya en el hombre: sus humildes empresas, la vejez, la imposibilidad de recuperar la infancia, la corriente insensatez de sus acciones, la ternura de los que se aferran a la tierra. Sin embargo, el haiku que se refiere al monte Kamiji vuelve sus ojos humildes a la veneración de la majestad, o divinidad, de la naturaleza, más que hacia un interior de sentimientos o tribulaciones. El monte Kamiji, que significa exactamente lo mismo que shinto: camino de los dioses, limita con el Shimaji una amplia zona de ondulaciones boscosas en la que se encuentra el santuario sintoísta más importante de Japón, el Ise-Jingu. En este lugar se adora a su más alta divinidad solar, Amaterasu, bajo la que están los kami espirituales, valga la tautología, de los que se da por hecho que es heredera la familia imperial de Japón. Hay que recordar en este punto que el budismo implantado en el país asimiló el animismo sintoísta y creó una especie de confusión sincretista, no exenta de supersticiones particulares y consagraciones sui géneris.

Kobayashi Issa, que fue un devoto seguidor de la escuela budista Jodo Shinshu, tenía seguramente en su mente, cuando escribió el haiku, ese universo de divinidades mayores y menores que incluyen la religiosidad oficial japonesa y las creencias populares, pero su actitud parece ser simplemente la de un hombre entrado en años (vivió hasta los 64), cuya cabeza se inclina hacia el suelo sin propia voluntad reverente. Los japoneses se inclinan ante cualesquiera personas en una repetida muestra de respeto, y es algo impresionante aunque pueda ejecutarse o verse como un tic. Pero en el poema lo que hay, además de ese homenaje a un monte sagrado, es una claudicación física del cuerpo humano que contempla la grandeza permanente, no de un recinto de meditación ni de una imagen, sino de un aspecto de la Tierra que le sobrecoge. Así baja la cabeza ante él, pero como si fueran sus miembros, «de la carrera de la edad cansados», los que lo obligan y no un impulso de humilde adoración.

Podría cerrarse el apartado dedicado a las sensaciones y los sentimientos humanos con tres haikus, sin que parezca imprescindible añadir algo a los breves textos de los dos primeros: *Soy rechazado, / abandonado y solo / bajo la sombra*, escribió Masaoka Shiki, y *Se va el otoño, / el universo en mí / desearía*, Natsume Soseki. El poema de Akutagawa Ryunosuke, *Ceniza escribo; / un nombre de mujer / el fuego era*, sí requiere por fuerza alguna aclaración. Lo que el haijin quiere presentar es la situación de alguien que traza, quizá con un atizador, un nombre de mujer sobre la ceniza de un brasero que guarda un rescoldo debajo. Lo que expresa es mucho más sencillo que la traducción que ahora propongo, ésta como un exceso personal interpretativo, después de una inmensa mayoría de muestras con intención de fidelidad máxima al texto original.

Una de las enseñanzas del haiku es que incita a imitarlo. Cuando se ha creído comprender el misterio y el valor de su escritura, es una tentación tratar de construir algún poema con la misma estructura y la misma fijación de una imagen bella y sencilla. Este podría ser un ejemplo de esa prolongación, que tan fácilmente rebasa o desvirtúa los límites del tríptico japonés. Ningún haijin, creo, diría «ceniza escribo», porque sería demasiada traslación de significado. No se escribe ceniza, sino palabras, nombres, frases (aun cuando Barthes afirmara que el verbo escribir es intransitivo). El paso de convertir la ceniza en objeto directo del verbo escribir implica más que una metáfora. Implica que el ser que actúa ha llegado a estar tan poseído por la pérdida de la mujer, cuyo nombre traza sobre la superficie apagada del brasero, que lo que produce su sensibilidad no es ya un símbolo de la ausencia dolorosa, sino el propio material sobrante del fuego extinguido. Cuando se remata éste con el verso, referido al nombre de la mujer, «el fuego era», la versión del poema continúa incurriendo en un exceso semántico, al borde de una imagen fantasiosa. Ambas licencias tienen sin embargo su sentido, y en el fondo tampoco tan lejano del japonés: «el fuego era» es pasado, cuando la presencia de la mujer no era sólo un nombre y menos un nombre en la ceniza. El contraste con la ceniza que escribe el haijin es más violento que el procurado en el original, que seguramente tampoco precisa de una potenciación metaforizante.

Lo cierto es que *hainikaku* (en la ceniza escribo) tiene difícil conservar sus cinco sílabas al traducirlo. Esa insistencia en mantener el ritmo habitual japonés (los haikus tampoco lo consiguen siempre) fue la que me llevó a suprimir la preposición y el artículo, con lo que quedaba «ceniza escribo», que se me reveló como un constructo poético más sintético, más radical sentimentalmente y más sugestivo. Entonces, si el haijin escribe ceniza, cae por su propio peso pensar que el nombre de la mujer no es un nombre más, y ni siquiera un representante de la mujer, sino el fuego del amor, que ardiera en otro tiempo, asociado a ella. Y así la reconstrucción termina en *Ceniza escribo, / un nombre de mujer / el fuego era.*

GENTE DESCONOCIDA

花の陰
赤の他人は
なかりけり

hananokage
akanotaninwa
nakarikeri

Florida sombra,
gente desconocida
desaparece.

Kobayashi Issa inaugura con estos versos la sección de haikus enigmáticos, paradójicos o absurdos, o así se diría que han llegado hasta aquí, tal vez al margen de las intenciones originarias. Muy bien podría situarse el poeta en uno de los acontecimientos nacionales más valorados y comentados: la floración de los cerezos (*sakura*) y haberse imaginado grupos de curiosos desconocidos (¿extraños?) a la sombra de los árboles, o simplemente admirándolos. Parece que el observador asiste al fenómeno cuando ya los visitantes se han ido. La gente extraña a la que el haijin se refiere tienen que ser japoneses genuinos, desconocidos para él, pero paisanos. No es seguro sin embargo que sea esa la distinción de Kobayashi, porque él no explica nada, sino que se limita a captar y transmitir la impresión de un momento.

¿Va más lejos el poeta en su observación o hay demasiado trasfondo metafórico en la lectura del haiku? Es bastante lógico suponer que está hablando de ese acontecimiento estacional del país, pero no sabemos si es en tono de anécdota o de captación más grave de una idiosincrasia. Tal vez también como una sutil melancolía individual, una preferencia de soledad meditativa o la instantánea de un contraste entre la sombra, con las connotaciones que queramos (*El elogio de la sombra*, de Junichiro Tanizaki), y la blancura floral de los cerezos. No es probable, pero tampoco sería tan extraño, que esté pensando en el tránsito de la vida de generaciones y generaciones de japoneses (y últimamente extranjeros) asistentes a esa belleza compartida, a esa exaltación natural. Es notable sentir que cuantas más claves reveladoras demos a las palabras de los tres versos, más prevalece la pulsión enigmática del haiku. Es como si la constatación o la verdad de las cosas no fuera suficiente para la sensibilidad (como escribió el anónimo flamenco: «me fié de la verdad y la verdad me engañó»).

Merece la pena citar otro ejemplo de Kobayashi Issa sobre el mismo asunto: *Noche y cerezos, / la música celeste / oyen los hombres.* Aquí el misterio, dentro del amplio espectro de la escena, es triple: qué tiene que ver la supuesta música pitagórica de las esferas celestes con los cerezos nocturnos, qué hay de cierto en que tal música, también mito japonés según el poema, suene realmente y qué son capaces de escuchar los humanos de esa armonía callada o semimística. El triángulo encierra y da relevancia al poeta solo, o al lector, que vislumbra, apenas ve, los cerezos en la noche, mientras percibe un silencio imperfecto de rumores que son casi armonías astrales o roces volátiles.

Dos haikus más, en esta onda inquietante, corresponden a sendos discípulos de la escuela de Basho, Kagami Shiko: *Hojas de loto; / orinar sobre ellas, / santa ceniza*, y Takarai Kikaku: *Entre mosquitos, / un puente hecho de sueños / alto se tiende.* El de Kagami Shiko, un tanto insólito, aunque no único en cuanto a la referencia fisiológica, remite a otra dimensión escatológica, en este caso de homonimia elevado a las postrimerías de ultratumba (lo que en mi infancia llamábamos «los novísimos: muerte, juicio, infierno y gloria»). En Japón, el loto, además de la postura meditativa del yoga, es la flor sagrada que simboliza la aspiración humana de pureza y perfección en un ascenso espiritual hacia el sol. Podría resultar irreverente o sacrílego el acto de orinar sobre ella, según escribe el haijin, a no ser que se considere como una forma más de fluir hacia la memoria profunda de Buda, a través de uno de sus emblemas más conspicuos. Lo viene a confirmar la expresión «santa ceniza», que podía haber traducido por «huesos de Buda», ya que ese es uno de los significados del término *shari*, sobre todo si se le coloca de prefijo, lo que se hace en el texto, la sílaba *o*, la cual suele solemnizar o ennoblecer en japonés la palabra a la que preceda. (Así por ejemplo en *osake*, como si dijéramos el señor alcohol, o siguiendo a Quevedo: don Dinero, que en japonés es *okane*).

El haiku entonces podría significar: hacia la herencia sagrada de los huesos de Buda, su legado espiritual sin cremación completa, por medio de la orina sobre el loto. ¿Está dentro del absurdo, lo roza, o pasa airosamente a su lado? Porque no es posible aventurar que un poeta japonés de los siglos XVII y XVIII, como Shiko, tuviera nociones de etimología griega hasta el punto de pretender una polisemia escatológica, más que una simple homonimia. En todo caso, su osada visión de presentarnos a alguien (¿por qué no él mismo?) orinando sobre una flor sagrada, a modo de ligazón con las cenizas de Buda, no deja de provocar en el lector una impresión anfibológica: burlesca hacia la grosería y la blasfemia, devota hacia la trascendencia y la belleza.

Sobre los huesos fúnebres en Japón habría que añadir algo muy peculiar, antes de atender al haiku de Takarai Kikaku. No es nada raro que se trate de ellos, que se veneren y recojan en fragmentos no convertidos plenamente en cenizas. Son tomados por los familiares cercanos con los mismos palillos utilizados para comer y se van pasando hasta introducirlos en una caja, que hace funciones de urna. Y, por ejemplo, en la estremecedora novela de Akiyuki Nosaka, *La tumba de las luciérnagas* (y en la película de dibujos animados (anime) sobre la misma, de Isao Takahata) los dos hermanos protagonistas, antes de morir ellos mismos de penalidades y hambre, llevan en un estuche de lata los huesos de la madre muerta como la cosa más natural, y sentimentalmente obligada, del mundo.

Tampoco tiene nada de raro que los mosquitos reaparezcan en el haiku de Takari Kikaku, puesto que tales insectos informan obsesivamente la vida japonesa, en particular la rural, y consecuentemente la poesía. El tríptico es aún más misterioso que el de los huesos de Buda, sobre todo por haber elegido el haijin unos pilares tan insólitos para tender entre ellos un puente. Kikaku ha visto columnas paralelas de mosquitos elevándose en más de un atardecer de verano y ha imaginado un puente hecho de sueños entre dos de ellas. ¿Nos está hablando el autor de sus insomnios debidos a los mosquitos o ha dejado libre la imaginación para construir algo inaprensible sobre pilares inconsistentes y hasta peligrosos? El poema sólo podría ser pintado por un surrealista, pero el haijin escribió ese tríptico alucinado antes de 1707.

Hay un haiku de este poeta, no menos enigmático, aunque aquí con resonancias heroicas y de sensibilidad samurái, si bien nada explícitas. Trata de un personaje del siglo XIV, llamado Kusunoki Masashige, servidor destacado del emperador Go-Daigo y que tuvo que suicidarse ritualmente al perder la batalla de Minatogawa contra los soldados del shogunato Kamakura, mucho más numerosos. El poema dice: *Aquí el Kusunoki / se quitó la armadura: / las peonías…* Y si no sabe nada más, el lector se queda perplejo. Puede probar a ignorar la historia y si las peonías tienen en Japón algún significado simbólico, o acordado, que viene a ser lo mismo. Entonces sabría que se alude a un lugar señalado, del que hay memoria presente por lo que sea, en el cual un personaje llamado Kusunoki se quitó la armadura. Por lo tanto era un soldado que seguramente llegaba allí cansado y sudoroso de alguna batalla para encontrarse con un campo o un jardín de peonías. El lector puede incluso ignorar que las peonías son flores, seguramente muchas personas lo ignoran, pero a pesar de ello será capaz de representarse la escena: un guerrero fatigado se despoja de sus armas ante el contraste de algo que le sorprende.

Si recurre a algún libro de historia japonesa, a varios artículos publicados en internet o simplemente a la wikipedia, tendrá los mismos datos de los que seguramente estaba informado el autor del haiku. Kusunoki Masashige no sólo fue un samurái de gran relevancia en el siglo xiv, suicidado junto con su hermano y otros guerreros al perder una batalla por el emperador, sino que ya en la era Meiji fue reconocido como una gloria nacional. Después de muchas tentativas y consideraciones de años acerca de la nobleza samurái, encarnada de forma egregia en Kusunoki, de consultas históricas, fisiognómicas y escultóricas, se erigió una impresionante estatua ecuestre en 1900 en la zona exterior del palacio imperial de Tokio, debida a la colaboración de varios artistas. Los japoneses todavía repasan hoy una de las frases atribuidas al emblemático personaje: «La injusticia no conquista los principios, los principios no conquistan la ley, la ley no conquista el poder, el poder no conquista el cielo», reflexión que en su sabiduría, pero también en su ambigüedad, no está muy lejos de lo que pudiera ser un haiku intelectual.

En cuanto a las peonías, naturalmente son flores especiales (por cierto, como casi todas las flores y no sólo en Japón): no son inferiores a las del cerezo y simbolizan la buena fortuna, el valor, la riqueza y el honor, principalmente de origen samurái. De los samuráis (con su *Bushido*, «camino del guerrero», o código de comportamiento) llaman siempre la atención, junto con el coraje proverbial, su habilidad con la katana, la lealtad a toda prueba y su aceptación altiva de la muerte, los minuciosos cuidados de su atuendo, su peinado, la música motivadora que los acompaña y su mimo en los cuidados florales, en especial el ikebana. No eligieron las peonías por capricho, ni lo haría Kusunoki cuando ante ellas se quitó la armadura: son flores objetivamente excepcionales, por sus corolas abombadas y compactas como atesorando multitud de pétalos apiñados, por la variedad de sus colores y su fragancia y por lo exuberante del follaje donde se insertan.

Si se piensa en el bravo suicida Kusunoki, dejando a un lado su armadura y contemplando unas peonías, la imaginación se sale de sí misma como la flor única está a punto de no serlo. Sueños, promesas y actos valerosos en cada una de sus láminas onduladas, que incitan al tacto acariciante y a la vez lo prohíben. El samurái habría ingresado en el espacio inminente de una muerte que estaría a la altura de la flor. Su denodada lucha por una causa podría ser olvidada entre peonías, no habría tanta diferencia entre vivir y morir. Él iba a demostrar su sensibilidad antes y después de su fiereza implaca-

ble, iba a ser un modelo humano sin mezquinda-
des y sin límites. Iba a ser el gran poema que unos
siglos después Takarai Kikaku escribiría con míni-
mas y desnudas palabras.

Continuando con los contenidos misteriosos o
paradójicos, valgan cuatro haikus, aunque puede
que no lo sean demasiado para un lector u otro, de
Takahama Kyoshi y Natsume Soseki, ambos escri-
tores cultos e innovadores de la era Meiji. El prime-
ro escribe: *Áspero invierno, / el camino en dos ramas
/ se me divide,* y *Patos salvajes, / en uno de entre to-
dos / sólo me fijo.* El segundo: *Reencarnado, / feliz
en el otoño / del crisantemo,* y *Río del cielo, / sueño
que se esfumara / furtivamente.*

Destaco sólo este último, que evoca la Vía Lác-
tea, también sin nombrarla para atenerme al texto
literal. Aunque la versión del poema sea en gene-
ral más libre, tiene la belleza ya dada de ese «río
del cielo», la galaxia espiral que incluye el Sol y la
Tierra. Es un modo muy frecuente de operar en
poesía, el ventajismo previo del que acusara Cer-
nuda a Rubén Darío, lo que se da por poético de
entrada. Si, por ejemplo, un poeta quisiera escri-
bir un libro «sobre los ángeles», podría obviamen-

te dar nuevas y bellas visiones al respecto, pero si sólo eligiera ese título y no escribiera nada, los lectores ya habrían puesto por su cuenta, antes de enfrentarse a las páginas vacías, el 50 % de la obra. En el presente ejemplo, la aportación del haijin estriba en significar que esa sucesión blanquecina de estrellas fuera un sueño y entonces pudiera extinguirse. Tal cosa parece una desmesura astronómica, pero a lo mejor no es tan descabellada. El ojo humano ve el camino celeste, en España por cierto el Camino de Santiago (que, dicho sea de paso, se apareció en sueños a Carlomagno), pero no capta el trasfondo de millones de años de formación, la velocidad galáctica ni los riesgos de absorciones e impactos interplanetarios.

Hay una segunda desviación al traducir el heptasílabo como «sueño que se esfumara», porque en español la palabra «sueño» puede ser un sustantivo, como el que escribe Soseki, *yume*, pero también primera persona del verbo soñar: «yo sueño», lo que es imposible en la lengua del haijin. En japonés dicen literalmente ver o mirar un sueño (*yumewomiru*), o sea, tener un sueño, pero no soñar. Esta anfibología morfosemántica española tiene la

99

torna fortuita y un poco rilkeana del adverbio de remate, «furtivamente», porque «un sueño que se esfumara furtivamente», tan sibilante y fricativo, y tan distinto del japonés (*kiyurukayumeno / obotsukana*), se asemejaría más a una fotografía desenfocada o al *flou* nocturno de la Vía Láctea.

LUZ COMPASIVA

涼しさや
彌陀成仏の
この方は

suzushisaya
midajoobutsuno
konokatawa

Un aire fresco
llegando desde Buda,
luz compasiva.

Tras darle muchas vueltas, he dejado así este haiku de Kobayashi Issa, porque trata de una manera extraordinaria un sentimiento religioso del que no he encontrado demasiadas muestras, a pesar de buscarlas en una gran variedad de textos. Las traducciones que he consultado no me han convencido nada, pero es muy probable que la mía sea muy mejorable. Dando por supuesto que el primer verso, literal, no tenga un carácter metafórico, sino que se refiera al frescor natural, tan insistentemente ensalzado en la literatura japonesa, el verdadero problema está en el verso heptasílabo central y un poco menos en el último. Éste incluye la palabra *kata*, que significa dirección y persona. He optado por «desde» porque ya se refiere al Buda Amitabha el verso anterior (*midajoobutsu*) y porque parece que el poeta está recibiendo la influencia o la inspiración de Buda desde el lugar de alguna de sus representaciones o desde el Buda mismo. La cuestión más espinosa está en cómo elegir el mejor significado, y en siete sílabas, para la palabra compuesta que pongo entre paréntesis. Esa forma de referirse a Buda, con diferentes acepciones y no sólo en Japón, podría aludir a la iluminación espiritual, a la vida infinita, a la compasión o a una síntesis entre esas ideas y alguna otra.

El poema tiene desde luego un tono místico y obliga a recordar al Juan de Yepes del *Cántico espiritual*: «Detente, cierzo muerto; / ven, austro, que recuerdas los amores», y al de la *Noche oscura del alma*: «y el ventalle de cedros aire daba», o «sin otra luz y guía / sino la que en el corazón ardía». Pero para un lector occidental, no budista ni creyente en divinidad alguna, que no concuerde mucho ni de manera directa con el dharma contra el sufrimiento, el nirvana de la liberación absoluta o la idea de una Tierra Pura de la Felicidad Suprema, donde renacer, qué puede haber en el haiku de comunicación estética o de cualquier enseñanza. El frescor tonificante del aire, el envío de una fe que sugiere la meditación y una luz algo más que iluminadora, compasiva. El consuelo que es belleza, y no espanto ni desolación, de ir y venir, como en vuelo absurdo e hipnótico, de un verso a otro y vuelta a empezar.

Kobayashi Issa fue seguramente un budista sincero y devoto, su infancia terrible, digna de una novela picaresca con final más desgraciado aún, halló acogida en un templo de Edo, o sea, Tokio, en el que trabajó desde los 14 años. Allí conoció a poetas de haikus, entre los que surgió un mecenas que creyó en su indiscutible talento. Tuvo varios pseudónimos, antes de adoptar a los 29 años el de Issa, con el que ya siguió siempre hasta su muerte en la más absoluta pobreza. A sus años de predicador ambulante, sucedieron tres matrimonios, todos ellos infelices, más la muerte de sus cuatro hijos y el incendio de su casa. Hay que pensar que el estoicismo budista le serviría para soportar una existencia tan dura y desafortunada. Un poso de melancolía late muchas veces en sus poemas.

A pesar de esa fe tan probable, patente sin duda en el haiku anterior, escribió: *Al día, nubes, / a los seres divinos, / aburrimiento*, con el que da un paso franco fuera de la respetuosa armonía entre lo humano y los ideales trascendentalistas del budismo y el sintoísmo. Así como las nubes son propias de los días, entidades etéreas o celestes en cualquier caso, a su modo natural y meteorológico, el aburrimiento será lo que corresponda a los seres divinos, tal vez porque ya lo tengan todo hecho, porque no conserven demasiado interés en la existencia humana o por su carencia de ambiciones, aventuras, deseos y contrariedades. ¿Se plantea en el haijin un descrédito de las criaturas celestiales, más allá de la evidencia de las nubes, o sólo se está refiriendo a un día concreto nublado, en el que hasta los divinos se aburren?

Aunque no es posible saberlo, tal vez en el fondo de Kobayashi Issa se ha ido decantando una cierta piedad humana hacia la divinidad, y no al revés. Sería como si el hombre se considerase a otro nivel, al margen de los fenómenos terrestres y de la supuesta tutela y creación divina. Ahí el *aware* del haiku no es en sí el de la sorpresa, la empatía, la misericordia, sino el de la soledad existencial, inexpresadamente apesadumbrada. Recordemos lo que escribió Nicanor Parra en sus *Antipoemas*: «Padre nuestro que estás donde estás, / rodeado de ángeles desleales. / Sinceramente: no sufras más por nosotros; / tienes que darte cuenta / de que los dioses no son infalibles / y que nosotros perdonamos todo». La sutil melancolía del poema, es decir, su irradiación estética y moral se ha desplazado al lector, el único que puede mirar al haijin con afecto y algo de compasión, sentimientos comparables, aunque muy diferentes, a los experimentados ante el *San Manuel Bueno, mártir*, de Unamuno, que tenía que predicar al pueblo cuando, en su agonía cristiana, él había perdido la fe.

De forma próxima se plantea Issa lo que para muchos ha sido a lo largo de la historia y en todos los pueblos la cuestión capital de la fe en algún ser superior por encima de la humanidad. Acaso de manera algo más humilde, si el hombre tendría algún destino que no fuera la nada. *En un florero / la mariposa indaga / serias incógnitas* es un haiku prodigioso en su concisión conceptual, en su plasticidad naturalista y en su anfibología desprendida como un hálito. Vemos la mariposa suspendida o posada, pero siempre con algún temblor, de período más amplio o de vibración más corta. Esa «belleza convulsa», que dirían Bretón y Umbral, sugiere algo parecido a una reflexión ante la dirección elegida, un cálculo algo displicente y exhibicionista sobre el contemplador, una consistencia física y mental superior a su apariencia endeble y provisional. Qué está meditando. ¿Algo relacionado con el interior de los pétalos de las flores del búcaro, adoptando un papel de botánico? ¿Algo que va de la planta a sus propias alas y al aire, es decir, al espacio universal y por ende a las claves del mundo y el ultramundo?

Hay otro haiku de Masaoka Shiki, en la línea del de Issa sobre el aburrimiento de los seres divinos, pero más raro y radical, que dice: *Viento de otoño; / me encuentro ya sin dioses / y ha muerto Buda*. Debo decir que este último verso podría ser discutible. El original dice: *hotoke nashi*, o sea, sin Buda, no hay Buda o privado de Buda. Pero la palabra *hotoke* significa a la vez, con el mismo kanji o ideograma, Buda y muerto. Dado el carácter negativo del poema, no me ha parecido exagerado dar por muerto a Buda, desde luego no porque eso sea verdad, sino porque para el supuesto creyente anterior, tanto los dioses sintoístas o *kami*, como Buda ya estarían muertos, o sea, sin fuerza efectiva para acompañar o proteger al haijin. ¿Es este poema una declaración de pérdida de fe o de ateísmo? ¿Es una queja puntual, como a veces los creyentes expresan, sin renegar en el fondo de su religiosidad y devoción? ¿Se refiere Masaoka Shiki, que murió de tuberculosis a los 35 años, al sentimiento de haber sido abandonado, en su desgraciada suerte, por los seres divinos?

Este apartado sobre la religiosidad o la filosofía de vida en los haikus se va a cerrar con otros dos ejemplos, uno más positivo y nada personalista, en este caso sí exaltador del animismo sintoísta. El haiku lo escribió otro discípulo de la escuela de Basho, Hattori Rantsetsu, y dice: *Única y sola, / se siente suficiente / una sandía.* Y Kagami Shiko, el que orinaba sobre el loto de Buda, concluye con el siguiente haiku, de nuevo reflexivo y a lo mejor no tan triste como pudiera parecer: *Solo en el mundo, / piensa en la soledad / ante el brasero.*

A MITAD DEL CAMINO

月雪の
中や命の
捨てどころ

tsukiyukino
nakayainochino
sutedokoro

Luna de nieve,
a mitad del camino
dejar la vida.

Recuerda Takarai Kikaku al Dante de la *Divina Commedia*: «Nel mezzo del cammin di nostra vita», en este haiku que inicia el tema de la muerte. Es como si el haijin fuese a morir en mitad del camino hacia algún sitio bajo una luna que hubiera blanqueado su palidez con la más perfecta de la nieve. El pensamiento no está expresado con pesar, sino en forma de ideal deseo e imagen plena de belleza. Quevedo, que es otro ya invocado en estas páginas, escribió aquello de «Podrá cerrar mis ojos la postrera / sombra que me llevare el blanco día», donde hay una coincidencia con el haijin en considerar la blancura como un seno acogedor de la muerte. Pero la luna y la nieve del poema japonés son físicas, mientras «el blanco día» del español barroco es una metáfora del día en que el hombre ya no viva.

El haiku de Kikaku conecta, tanto o más que con Quevedo, con otro poeta excepcional y preferido, Rainer María Rilke, y su idea poética del derecho de cada ser humano a una muerte propia, que además no sea aplazada por inercia o temor. A mitad del camino, en la nevada y bajo la luna, el abandono de la vida que formula el haijin le hubiera gustado al autor de los excelsos *Sonetos a Orfeo* o las *Elegías de Duino*. El poeta japonés posee además la peculiaridad del verso corto no discursivo. Y el contraste del heptasílabo entre los dos pentasílabos va musicalmente en el tono sostenido de la luna, la nieve y la muerte.

Un segundo haiku sobre la muerte es interpretado por Rodríguez Izquierdo, en *Una estrella fugaz*, publicado por Satori, como un homenaje a los legendarios 47 ronin que se suicidaron en 1702 después de haber vengado a su señor, que poco tiempo antes fue condenado a ejecutar *seppuku*, o *harakiri*. (Tamenaga Shunsui recogió en 1880 la *Historia de los leales samuráis de Ako* y Jorge Luis Borges recreó algunos aspectos de la misma en *El incivil maestro de ceremonias Kotsuké no Suké*. Baste citar a Kenji Mizoguchi con sus *47 ronin* como uno de los muchos cineastas que han tratado ese acontecimiento más o menos histórico). Rodríguez Izquierdo, que no cita la fuente en que se basa para esa atribución, seguramente indiscutible, es merecedor de toda confianza al respecto. Por mi parte, no he hecho más que dar una versión de lo que está escrito, sin contexto: *Para el regreso / ya no hay vida posible: / noche absoluta.*

Si es un envío directo a los héroes sacrificados o un homenaje particular, está bien, pero asimismo podría entenderse como una reflexión general sobre la muerte. En este caso, ajena la idea de la reencarnación budista, Kikaku estaría expresando un sentimiento universal con la leve metáfora de la noche definitiva como contrapunto de la vida, la fantasía de que alguna forma de regreso tras la muerte fuera creíble. No obstante, dada la personalidad compleja y algo contradictoria del haijin, muy distinto de su maestro Basho, más equilibrado, no sería raro que en el poema estuviera aceptando la extinción total estoicamente, aunque con una insinuada nostalgia.

Diferentes tratamientos de la muerte aparecen en los tres haikus de Kobayashi Issa que van a continuación y en el último, de Natsume Soseki: *Tarde de luna, / al tiempo que refresca, / visitar tumbas.* La viñeta es también melancólica, pero la impronta del poema es más de aceptación natural que de otra cosa. Se impone la costumbre de visitar las referencias fúnebres de los que ya no están en el mundo, pero un atardecer de paseo familiar o de grupos de personas próximas es agradable, más aún si aparece la luna sobre los vivos y los muertos. El caer del día, con su bajada de temperatura, viene a ser un correlato de los que descendieron en sus vidas hasta el final, y la luna, que informa la muerte, viene a ser a la vez un consuelo y una promesa de aceptación. El haijin, más que dar fe de una costumbre triste, parece hacer la recomendación de una práctica piadosa y a la vez remuneradora.

Mis fuerzas merman, / y al cortar unas flores, / rictus amargo. No estaría lejos este haiku del sentido del anterior. En él conviven las acciones negativas de la existencia con el afán estético que implica seguir cortando flores, a pesar de las escasas fuerzas de la persona mayor que se inclina como en una reverencia simultánea a la naturaleza y a una forma cultural propia. El rictus amargo, o tal vez mejor «gesto», no es tanto por lamentar la edad avanzada que hay que suponer en el protagonista del poema, como el reflejo físico que acusa el esfuerzo. La imagen, aunque aquí parece expresada desde la persona que realiza el acto de cortar unas flores, es muy representativa de ambientes rurales japoneses. Si se visita el país, resulta casi imposible no ver, junto a un campo de arroz o en jardín público o particular, a un hombre o una mujer de edad avanzada que con movimientos pausados, y a veces en actitud casi estática, se inclina para hacer algo en una superficie de flores, cortarlas, entresacarlas o limpiarlas de malezas. Quizá va a realizar un ikebana o quizá tiene interés en que prevalezca un color en la zona elegida, por lo que deberá ir eliminando, una por una, flores de otras tonalidades.

Verla me anima, / seré una mariposa / cuando renazca. Una de las diferencias entre sintoísmo y budismo, formas de espiritualidad que conviven perfectamente en Japón y en muchos aspectos se funden, estriba en una concepción más natural y panteísta en el primero y la idea del sufrimiento combatido por la anulación del deseo, la meditación hacia el nirvana y la reencarnación, en el segundo. Los que mueren dentro del sintoísmo van a ir a sumarse al mundo de los *kami*, bajo Amatersasu, la divinidad solar. El aura sagrada de las cosas y los seres, el ánima múltiple del universo, seguirá velando por los vivos, pero no creará otros mortales con sus facultades y rasgos reconvertidos (el karma budista) según las criaturas de destino. En el budismo sí ocurre esta toma de posesión vital después de la muerte, los humanos como Kobayashi Issa creerían que después de la muerte renacerán en otros seres, a los que trasladarán sus virtudes y defectos, la personalidad o el carácter configurados a lo largo de la existencia. Esta concepción de la transmigración o el renacimiento, que tiene un paralelismo evidente en el principio científico de que la materia no se crea ni se destruye, sino que se transforma, estaba ya en la espiritualidad hinduista, antes de que surgiera Buda, lo mismo que también fue anterior en Japón el animismo sintoísta.

En el presente haiku lo que llama la atención es la humildad del poeta, que aspira a transmigrar a una mariposa y no, por ejemplo, a un gran samurái como Kusunoki Masashige, o al señor de Ako, Asano Naganori, el suicida que fue vengado y seguido por sus 47 ronin. El haijin prefiere reencarnarse, si no es una broma, en un pequeño y grácil insecto, pero por qué. ¿Porque ve alguna ventaja estética en la mariposa comparada con los humanos y los otros animales? ¿Por la vida efímera del lepidóptero, que podrá reconducirse a distintos seres? ¿O por la falta de calidad moral que tal vez ha comprobado en los hombres? No se sabe si el haijin está hablando propiamente de la reencarnación o está formulando una ironía respecto a la proclamada superioridad humana sobre los demás seres vivos que pueblan el mundo.

Y Natsume Soseki escribe: *Por los ausentes / y los que permanecen, / vienen los gansos.* Sería mucho deducir del poema que tiene una intención de causalidad, a pesar de que es difícil no pensarlo. ¿Vienen los gansos como regalo visual, si no alimenticio, para los vivos y como bello homenaje volátil para los muertos? ¿Vienen simplemente por encima de, o incluso a pesar de los ausentes y los que permanecen? De la polisemia a la ambigüedad, y a la sencillez, discurre la belleza del haiku. A lo que asistimos, vivos, muertos o nada, es a la irrupción aérea y a la pasada majestuosa de los gansos, más que en formación originada o predestinada, materializados por el instinto estacional de su especie o en un viaje a ninguna parte.

CONCLUSIÓN

Con los nombres de los haijin adelantados en la Introducción, este libro ha quedado configurado en ocho capítulos temáticos, donde se tratan 75 haikus. Dadas las características de la colección, se han eludido otros agrupamientos por asuntos frecuentes, se ha limitado el número de autores a los más relevantes y se ha restringido el número de poemas seleccionados. No obstante, y ya de pasada, hay unos pocos, de los muchos revisados, que voy a citar aquí, sobre todo por su calidad y su pureza como forma estrófica y por el tono modélico de su imaginario y su conceptualización.

Así como Kobayashi Issa está presente para un asunto u otro y exhibe más recursos que la mayoría de haijin, conectando mejor con una sensibilidad occidental, no ha aparecido apenas en estas páginas una poeta de gran inspiración, la monja budista Chiyo-ni, o Chiyo, de la que ahora se recuerdan algunas composiciones relevantes. Corresponderían a un grupo de poemas transversales o construidos desde perspectivas superpuestas. *Por todo el río / van fluyendo las sombras / y las luciérnagas*, es un haiku que se acerca a la perfección en cuanto a que los versos bajan y suben por el río, la noche, la luz, y pueden combinarse con idéntica eficacia evocadora.

La misma contemplación inducida y tan sensible se sugiere y sintetiza en los siguientes, que se van a transcribir sin comentarios: *El bambú verde, / un gorrión escucha / profundamente*; *Luna brillante, / mientras veo que asciende, / hago el camino*, y *Durmiendo sola, / de la noche la escarcha / sentí de golpe*.

Otros haikus no incluidos por su asunto en capítulos anteriores serían los que hablan de escenas familiares, algunas resignificadas por mediación simbólica y otras directas y sin mayores complicaciones. Matsuo Basho dice: *Sake acabado, / hagamos un florero / del recipiente*. Desde una mentalidad occidental contemporánea es fácil pensar en el reciclaje de los productos de desecho, después de recordar tal vez el *ready-made* de Marcel Duchamp y otros artistas posteriores en su estela. Sin embargo, hay en Japón dos costumbres antiguas, recreadas particularmente en el siglo XIX y a partir de la derrota del país en la II Guerra Mundial, una es la reconversión práctica de objetos (*mottainai*) y la otra, no muy alejada de esa filosofía de las 4R (Reducir, Reutilizar, Reciclar, Respetar), la reparación de fracturas mediante resina mezclada con polvo de oro (*kintsugi*).

Ambos principios, nacidos probablemente más de la necesidad o la pobreza que de intenciones artísticas, conducen de todos modos a una consideración estética sin elevadas aspiraciones de creatividad. La belleza se daría casi por sorpresa, sin destrezas humanas muy alambicadas ni imaginativas. Y así es muchas veces en el haiku, como en el transcrito unas líneas más arriba, la invención en el sentido de hallazgo, la revelación de la materia como una epifanía expuesta para quien sea capaz de recibirla.

En esa idea de la reconversión ventajosa y bella, en cierto modo vengativa contra las leyes sociales o físicas, abunda una anécdota del nada anecdótico Juan Ramón Jiménez. En un magnífico libro suyo, titulado *Guerra en España*, hay un álbum de fotografías y entre ellas una de la fuente de Apolo en el Paseo del Prado de Madrid, cubierta con una construcción de ladrillos para preservarla de los bombardeos franquistas sobre la capital. En la foto, algo borrosa, se ve una frase escrita a lápiz por el poeta: «Yo dejaría así la fuente». La belleza que pudiera haber tenido el recipiente para el *sake* (no vino de arroz, sino alcohol en general) queda oculta bajo la nueva belleza del jarrón de flores de Basho, lo mismo que la cubierta aristada de ladrillo de la fuente de Apolo cubre con la suya la belleza del interior.

Entre los haikus transversales y los de escenas más o menos domésticas, se situarían algunos poemas que tratan de jardines o construcciones humanas, principalmente templos. De uno de ellos, budista, escribe Masaoka Shiki: *Templo y campana, / donde luce al posarse / una luciérnaga.* No hace falta subrayar lo que cualquier lector vería y esperaría: el contraste entre la grandiosidad del templo, con su campana, y la pequeña fragilidad de una luciérnaga, más el instante en que la campana suene y el efecto que producirá en el insecto. Y Akutagawa Ryunosuke: *Frío de marzo; / se alza entre bambúes / el Ginkakuji*. Este templo, o Pavellón de Plata, se alza en las estribaciones del Higashiyama y se contrapone al incendiado y reconstruido Kinkakuji o Pabellón de Oro, situado al oeste de Kioto y quizá más famoso por la excelente novela de Mishima.

Hay haikus más difíciles de clasificar, y que se han quedado un tanto extraviados, porque están entre lo paisajístico y lo pictórico-visual con los mínimos elementos estáticos. Entre los haijin que los firman, Yosa Buson dice: *Niebla del día; / en un sueño pintado / gente que pasa*, y *El crisantemo / con su blancor tan bello / e incomparable*. Ninguno de ellos pide interpretación alguna. Por supuesto que recuerdan a pintores japoneses, y otros occidentales (Turner, por ejemplo, e incluso Beuys), pero esto habría que tratarlo con detalle en otro sitio. Es igual de evidente en estas dos invitaciones de Natsume Soseki, la primera de las cuales podría ser la letra de una sevillana: *Ved qué belleza, / llevando su besugo / en la cabeza*, y *Ved a lo lejos: / por el fondo del páramo, / vaya humareda*.

Y de Kobayashi Issa y Matsuo Basho, dos poemas respectivos en relación con el paso del tiempo: *Tarde y cerezos; / el hoy es ya pasado, / así sucede*, y *Por breve tiempo / flota sobre las flores / la blanca luna*.

Todavía debo decir algo sobre la primera selección de 75 haikus, distribuidos en ocho capítulos temáticos, y los 13 más (total, 88) que acabo de incluir, un tanto dispersos, en grupos de asuntos transversales, familiares, constructivos, visuales y temporales. Todos ellos han sido traducidos por mí a partir de los originales japoneses y creo que en su totalidad, salvo algún descuido, recreando la estructura de 5, 7 y 5 sílabas (propiamente *moras*), que muchos traductores no respetan, otros sí, y a veces ni siquiera los mismos autores.

Tampoco he dicho apenas nada acerca de la belleza gráfica del haiku, aun antes de significar lo que fuere. No sólo el trazo de los rasgos de los kanjis o ideogramas, sino el de los caracteres en hiragana (escritura silábica mucho más sencilla), mantienen viva una vieja tradición caligráfica, como lo demuestra el hecho de que muchos haijin sean artistas plásticos (Basho, Buson, Chiyo). Pero esta consideración, lo mismo que la cercanía de los pintores y grabadores japoneses a la poesía paisajística (Hokusai, Utamaro) se sale de los márgenes del presente acercamiento literario, como se salen las apasionantes confluencias de la música tradicional del *biwa* o el *koto*.

Este libro, escrito más para aprender que para enseñar, aunque como profesor que he sido de literatura durante bastantes años, creo que aprendiendo es como mejor se puede enseñar algo, no tiene pretensiones filológicas ni objetivas. En esos aspectos, así como en los históricos y los orígenes del haiku (*waka*, *tanka*, *renga* y *haikai*), desgajados de la cultura china en la Edad Media, evolucionados luego hasta que Masaoka Shiki adoptara definitivamente el nombre, me he atenido a los especialistas y a sus selecciones y comentarios de textos originales. Así me he guiado por la autoridad de los libros del ya citado Rodríguez Izquierdo (consultados casi todos los de la editorial Satori) y por la de los publicados por autores como Carlos Rubio, Donald Keene, Octavio Paz con Eikichi Hayashiya, Francisco F. Villalba, Antonio Cabezas, Vicente Haya, Andrés Sánchez Robayna con

Masafumi Yamamoto, Teresa Herrero con Jesús Munárriz, Seiko Ota con Elena Gallego, Alberto Silva, Kayoko Tagaki con Jenaro Talens, entre otros, más los muchos artículos al respecto divulgados en una gran variedad de sitios web como El rincón del haiku y similares.

A pesar de estas referencias (que son agradecimientos), y por las ya mencionadas razones del carácter personal de este libro, más estéticas que lingüísticas, no se añade una bibliografía formal, más propia de trabajos de investigación o de análisis estructural. Por una cuestión de espacio, tampoco voy a relacionar al final, como había previsto, los haikus en japonés que he seleccionado y traducido. Sin embargo, voy a dar por realizada esta conclusión con una invención, quizá una simple boutade, que se ha encontrado a sí misma: un haiku que se ha escrito solo a partir de algunos títulos de los apartados temáticos anteriores, aunque el resultado no tenga un genuino carácter japonés.

Como del cielo
tal vez parezca un sueño
luz compasiva

Este libro sobre *La belleza del haiku* se terminó de imprimir
bajo la luna menguante de febrero de 2026
ante un grabado de Hiroshige
y una acuarela de
Hokusai.

COLECCIÓN DE LA BELLEZA